A ORIGEM DO ESTADO ISLÂMICO

O FRACASSO DA "GUERRA AO TERROR" E A ASCENSÃO JIHADISTA

PATRICK COCKBURN

A ORIGEM DO ESTADO ISLÂMICO

O FRACASSO DA "GUERRA AO TERROR" E A ASCENSÃO JIHADISTA

Tradução
Antonio Martins

Apresentação
Reginaldo Nasser

5ª impressão (atualizada)
(junho de 2017)

AUTONOMIA
LITERÁRIA

Esta obra foi publicada originalmente em inglês sob o título *The Jihadis Return,* por OR BOOKS, Nova York e Londres, 2014. A versão atualiza desta obra foi publicada por Verso Books 2015, sob o título *The Rise of Islamic State.*

This Portuguese edition published by agreement with OR BOOKS and Vikings of Brazil Agência Literária e de Tradução Ltda.

AUTONOMIA LITERÁRIA

Coordenação editorial:
Cauê Seignemartin Ameni, Hugo Albuquerque & Manuela Beloni
Revisão Ortográfica: Denise Martinho Eid
Foto de capa: Reuters
Projeto gráfico: Marcos Mendez & Manuela Beloni
Selo: Histórias Não Contadas | Ilustração: Malén Bruna

Dados Internacionais de Catalogação na Publicação (CIP)
(Maurício Amormino Júnior, CRB6/2422)

C665o

Cockburn, Patrick.

A Origem do Estado Islâmico: o fracasso da guerra ao terror e a ascensão jihadista/Patrick Cockburn; tradução Antônio Martins. - São Paulo (SP): Autonomia Literária. 2015.
208 p. : 14x21 cm

Título original: The jihadis return
ISBN 978-85-69536-00-0

1. Estado Islâmico. 2. Fundamentalismo islâmico. 3. Islamismo e política. 4. Jihad. I. Antônio Martins. II. Título

EDITORA AUTONOMIA LITERÁRIA
Rua Conselheiro Ramalho, 945
01325-001 São Paulo-SP Brasil
editora@autonomialiteraria.com.br
www.autonomialiteraria.com.br

SUMÁRIO

Histórias não contadas

O Selo *Histórias Não Contadas* da Autonomia Literária é, sem dúvida, o espaço dedicado às narrativas malditas, ocultadas pelas fontes oficiais ou simplesmente ignoradas na arena da conflituosa sociedade global.

Para tanto, recorremos ao trabalho de jornalistas investigativos, testemunhas oculares das histórias e pesquisadores desses eventos.

Aqui, nosso objetivo é ajudar a desmontar mitos e superstições sobre fatos e figuras em destaque na mídia global trazendo-os à luz do debate público.

Na era da informação total, vivemos sob a ditadura das versões e pontos de vista oficiais, a qual nos dá uma visão cômoda e nem sempre verdadeira do nosso tempo.

É preciso, pois, realizar um esforço radical: encontrar e publicar os testemunhos desses insiders, pois a cura de muitos males demanda apenas a luz do Sol.

MAPAS

CIDADES E CAMPOS DE PETRÓLEO NO IRAQUE E NA SÍRIA

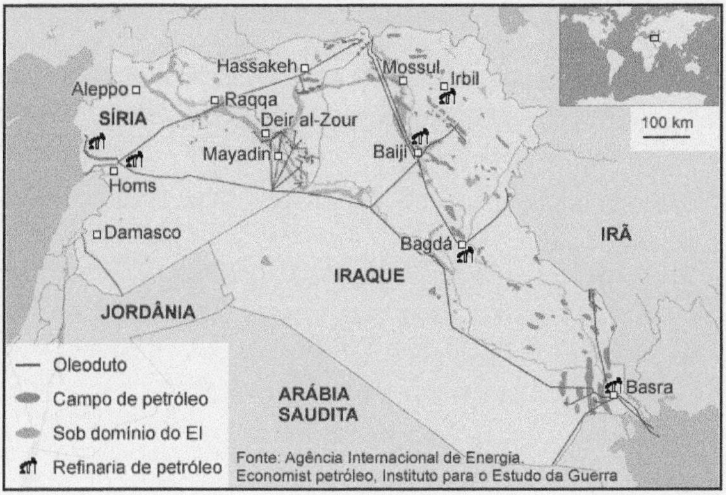

FONTE: BBC

ZONAS DE ATIVIDADE DO ESTADO ISLÂMICO

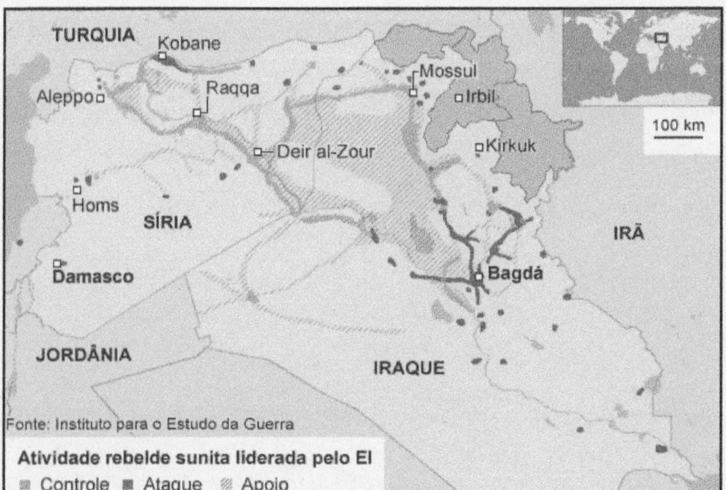

FONTE: BBC

APRESENTAÇÃO: UMA SERPENTE ENTRE AS PEDRAS

Reginaldo Nasser

Pelas lentes da mídia ocidental, o Estado Islâmico (ISIS) aparece como um grupo irracional que age sem motivos políticos, movido apenas pelo ódio religioso. As imagens de vídeos com requintes técnicos e estéticos produzidos pelos próprios militantes decapitando reféns são narradas, à exaustão, pelos meios de comunicação como sendo combatentes furiosos que não poupam mulheres ou crianças. Construiu-se uma imagem no Ocidente, desde o início da década de 1990, e que se intensifica atualmente, que esses jihadistas são capazes de fazer as piores atrocidades. Evoca-se, no imaginário do Ocidente, semelhanças com um passado longínquo, associando-os às "tribos bárbaras" que varreram o Império Romano ou às hordas mongóis de Gengis Khan que devastaram cidades inteiras, massacrando seus habitantes como se estivéssemos diante de um choque de civilizações. Em curto espaço de tempo, o ISIS destronou aquela que, até então, era considerada a maior ameaça à segurança internacional, responsável pelos atentados terroristas no dia 11 de setembro de 2001. O grupo Al-Qaeda já era coisa do passado.

O impacto desse fenômeno sobre a comunidade internacional foi devastador. Nos Estados Unidos, Canadá, Europa e até mesmo no Brasil, começou-se a especular sobre a possibilidade da existência de células do grupo, cooptando jovens ou mesmo planejando ataques terroristas. Um dos autores do atentado ao semanário *Charlie Hebdo*, em 2014, em Paris, revelou com orgulho o pertencimento ao grupo. Em vídeo, que teve ampla circulação pelas redes sociais, um jovem canadense aparece rasgando seu passaporte, fazendo ameaças, em inglês, e depois, em árabe: "[Esta] é uma mensagem aos poderes do Canadá e da América. Estamos chegando, e vamos destruí-los".

Mas, afinal de contas, quem são esses terroristas que conseguiram, de forma inédita, unir Estados Unidos e Irã, adversários de longa data, sem ter um único aliado no cenário internacional? Apesar de realmente usar táticas cruéis, próprias de um grupo terrorista, como conseguem a adesão voluntária de milhares de jovens europeus? Como foi possível ocupar um território de tamanho equivalente à Jordânia, com cerca de oito milhões de pessoas, incorporando partes significativas da Síria e do Iraque?

Pois bem, é a ascensão desse novo ator numa complexa rede de conexões com atores internacionais (Estados Unidos, França e Grã-Bretanha) e regionais (Arábia Saudita, Turquia e Paquistão), bem como seus impactos políticos, sociais e humanitários no xadrez geopolítico do Grande Oriente Médio, que Patrick Cockburn, um dos mais credenciados jornalistas na região, ao lado de Robert Fisk, se esmera em explicar em linguagem clara e objetiva.

Pode-se dizer que Patrick Cockburn mantém vivo o legado de seu pai, o lendário jornalista Claud Cockburn, que sugeria que a única forma de um correspondente internacional fazer seu trabalho, com dignidade, era repetir continuamente a pergunta: "Por que esses bastardos estão mentindo para mim?". Cockburn examina os caminhos dos diversos atores no Oriente Médio com uma lupa, indo aos mínimos detalhes, mas sem deixar de conjugar essas informações com uma visão mais ampla do processo histórico em que as grandes potências e os poderes regionais imprimem sua marca. Em certos trechos da obra temos a impressão de que se trata de um livro de história, em outros, de um romance histórico e, algumas vezes, nota-se até mesmo a linguagem do pesquisador acadêmico preocupado com a adequação dos conceitos. Conhecedor como poucos da região, Patrick Cockburn fez dezenas de viagens à Síria e ao Iraque, durante os últimos vinte anos, recolhendo informações extremamente persuasivas que ganham um colorido especial por meio de relatos de diálogos e entrevistas com oficiais da inteligência, jornalistas e, principalmente, com os homens e mulheres que vivem o cotidiano da violência.

O líder do ISIS, Abu Bakr al-Baghdadi, descreveu a estratégia militar de seu grupo como "uma serpente que se move entre as pedras" usando suas forças como tropas de assalto quando se trata de atingir alvos considerados frágeis, mas evitando se atolar em batalhas prolongadas quando a correlação de forças se equilibra. Creio que o trabalho meticuloso de Cockburn é acompanhar a serpente desde seu nascimento, desvendar quem a alimenta, como ela se move e quais são as condições do ambiente que permite com que se fortaleça e se prolifere.

Assim como outros jornalistas e analistas internacionais, Cockburn não foge à regra ao usar o termo jihadismo para relacionar essa ideologia às ações dos grupos terroristas islâmicos, em geral, e ao ISIS em particular. Embora não comprometa significativamente sua rica análise sobre o ISIS, creio que, por vezes, o uso indiscriminado do termo permite leituras menos atentas às especificidades dos grupos que a utilizam, o que acaba por atribuir à religião um peso maior do que realmente possui nas ações violentas. A palavra árabe "jihad" é muitas vezes traduzida como "guerra santa", mas, em um sentido puramente linguístico, a palavra significa luta ou esforço. Em sentido religioso, como descrito pelo Alcorão, "jihad" tem muitos significados. Pode se referir aos esforços pessoais para ser um bom muçulmano ou crente, bem como o trabalho para informar as pessoas sobre a fé no Islã. Assim, é preciso considerar a interpretação e o uso arbitrário que os diferentes grupos islâmicos fazem do conceito de jihad.

Importante notar que Cockburn alerta para o fato de que a ideologia da Al-Qaeda e do ISIS é uma interpretação extremada do wahabismo, a ideologia oficial do Estado saudita, uma versão fundamentalista do Islã, nascida no século XVIII, que enxerga os xiitas e sufistas como não muçulmanos que devem ser perseguidos assim como cristãos e judeus. Os maiores responsáveis pela difusão do wahabismo no mundo são os países árabes aliados dos governos ocidentais: Arábia Saudita, Catar e Emirados Árabes. Citando uma autoridade em questões islâmicas, Cockburn vai direto ao ponto: "Se você quiser fundar um seminário ou mesquita em qualquer lugar do mundo, não há muitos locais fora da Arábia Saudita em que possa obter 30 mil dólares". Se a mesma pessoa desejar opor-se ao wahabismo, será uma luta ingrata.

Aliás, o controverso papel da Arábia Saudita na política do Oriente Médio é um dos temas principais perseguidos por Cockburn em todo o livro. O jornalista chega a afirmar que o jihadismo não será derrotado se os Estados Unidos e seus aliados não atuarem de forma decidida contra a influência que têm na promoção do extremismo islâmico. De um lado, a política saudita age por dois motivos contraditórios diante dos jihadistas: medo de que operem na própria Arábia Saudita e desejo de usá-los contra os poderes xiitas no exterior. Os Estados Unidos também agem de modo contraditório em relação à Arábia Saudita: medo do suporte financeiro e político que dão aos jihadistas e crença de que manter os sauditas como aliados é imprescindível para a estabilidade geopolítica na região. Nada mais, nada menos do que o vice-presidente norte- americano, Joe Biden, chegou a afirmar: "A Arábia Saudita, a Turquia e os Emirados Árabes estavam muito determinados a derrubar Assad e, em essência, provocar uma guerra por procuração entre sunitas e xiitas. O que fizeram? Destinaram centenas de milhões de dólares e dezenas de toneladas de armas a qualquer um disposto a lutar contra Assad. Porém, as pessoas que estavam sendo abastecidas eram da Al-Nusra, Al-Qaeda e extremistas da jihad vindos de outras partes do mundo". Mesmo diante dessa evidência, os Estados Unidos, de Bush a Obama, nunca tomaram qualquer atitude mais drástica.

Mas, se a ideologia adotada é importante para compreender a violência e o sectarismo propagado pelo ISIS, Cockburn não descuida dos aspectos estruturais (sociais e econômicos) que permitem a realização dessa mesma ideologia. No Iraque, o ISIS tem atraído o apoio de membros da minoria sunita que foi marginalizada sob o domínio do governo autoritário de Nouri al-Maliki, o primeiro-ministro xiita, patrocinado por Washington e Teerã. O apadrinhamento baseado em partido, família ou comunidade determinava quem deveria conseguir emprego e ser visto como cidadão, e quem seria um pária. Cockburn procura dar vida a esses aspectos recordando uma experiência pessoal que teve no Iraque: "Tentei contratar um motorista recomendado por um amigo. Ele me disse que precisava do dinheiro, mas era sunita, e o risco de ser parado num posto de controle era grande demais. 'Estou tão amedrontado', disse, 'nunca saio de casa depois das seis da tarde'." Assim, a hostilidade disseminada aos sunitas pelo governo iraquiano, como promotor do sectarismo, permitiu ao ISIS aliar-se com vários grupos militantes sunitas, com quem antes travava combate. Esse sectarismo governamental difundiu a percepção entre os sunitas de que sua única chance de sobreviver e mesmo de vencer a luta pelo poder no Iraque é enfrentar a hegemonia xiita.

O rápido avanço do Estado Islâmico, em todo o norte do Iraque, em junho de 2014, capturando sua segunda maior cidade, Mosul, e ameaçando avançar em direção a Bagdá, atordoou especialistas em segurança internacional e lideranças políticas do Ocidente. O colapso e verdadeira debandada de milhares de soldados do exército iraquiano era uma demonstração cabal do fracasso da chamada política de reconstrução dos Estados Unidos e seus aliados no Iraque, depois de dez anos de ocupação e mais de 100 bilhões de dólares investidos em infraestrutura e segurança. Esse fato é atualmente comentado por todos como decisivo para a ascensão do grupo, mas é importante lembrar que, mesmo antes da queda de Mosul, Patrick Cockburn intuiu que algo estava por vir. Em 2013, ele elegeu al-Baghdadi como o "homem do ano" no Oriente Médio no jornal em que é colaborador (*The Independent*). A atenção de Cockburn já se dirigia para o grupo que vinha obtendo muitas vitórias simbólicas, como a captura de Fallujah (a cidade onde houve batalhas sangrentas contra forças anglo-americanas durante a ocupação do Iraque), ou o assalto à prisão de Abu Ghraib (local das torturas praticadas pelas forças de segurança dos Estados Unidos). Cockburn julgava que, provavelmente, essas vitórias impulsionariam o credenciamento do ISIS junto à população iraquiana sunita marginalizada. As fontes e as informações colhidas por Cockburn ganham uma dimensão toda especial nos seus relatos, não como curiosidades de um suposto exotismo árabe-islâmico, mas sim como frestas de luz que permitem iluminar os tortuosos caminhos dos conflitos armados no Oriente Médio.

Segundo uma fonte iraquiana de Cockburn, em muitos aspectos o governo iraquiano já não detinha o poder mesmo antes da queda militar de Mosul. Segundo essa mesma fonte, o ISIS já cobrava impostos de vendedores de verduras no mercado, de empresas de telefones celulares e de construção. Essas informações permitiram Cockburn aferir que a renda com estas cobranças alcançava por volta de 8 milhões de dólares ao mês. Aliás, ele observa o mesmo tipo de "tributação" em Tikrit, onde um amigo relatou que as pessoas não comiam em nenhum restaurante que não estivesse em dia com os pagamentos ao ISIS, por medo de que o local fosse atingido por uma bomba durante o jantar.

Cockburn cita outra fonte iraquiana que lhe permitiu compreender o intrincado jogo dos atores internacionais como um dos fatores que permitiu a ascensão ISIS. De acordo com essa revelação, no período de 2011 a 2013, a inteligência militar turca estimulou experientes oficiais iraquianos da era Saddam a trabalhar com o movimento jihadista desempenhando um papel crucial no planejamento militar cuidadoso e no aprimoramento tático do grupo. O mesmo passou a ocorrer na Síria após os movimentos da Primavera Árabe quando, de acordo com um ex-comandante do Exército Sírio Livre (FSA) citado por Cockburn, funcionários das agências de inteligência dos Estados Unidos, Grã-Bretanha e França, e representantes dos governos da Arábia Saudita, Emirados Árabes, Jordânia e Qatar circulavam livremente nas fileiras da oposição síria.

Do alto de sua experiência, Cockburn questiona o próprio termo "repórter de guerra", que dá a falsa impressão de que os conflitos podem ser melhor compreendidos com uma cobertura centrada unicamente na descrição do combate militar, pois é fundamental que seja interpretado sob o prisma da política. E exemplifica: "Em 2003, as TVs mostraram colunas de tanques iraquianos esmagados e em chamas, após os ataques norte-americanos na autoestrada principal a norte de Bagdá. Se não fosse pelo cenário de deserto, os telespectadores poderiam estar observando imagens do exército alemão derrotado na Normandia, em 1944. Porém, subi em alguns dos tanques e pude constatar que haviam sido abandonados muito antes de serem atingidos. Era algo importante, porque mostrava que o exército iraquiano não estava disposto a lutar e morrer por Saddam. Também permitia prever o futuro da ocupação". Outro risco que acompanha os "repórteres de guerra" é que há uma tendência a dramatizar os eventos em prol da audiência e em prejuízo da complexidade da história. Quem não se sente atraído pelas cenas que mostram bombas explodindo e veículos militares em chamas ao fundo? O problema, adverte Cockburn, é que essas "ultrassimplificações" articuladas à propaganda política dos governantes permitem apresentar os conflitos como uma batalha entre o bem e o mal, suprimindo toda e qualquer forma de nuances que possam existir nessas situações.

Dizer que em todas as guerras há uma diferença entre o que é reportado e o que de fato ocorreu é senso comum, mas nas guerras travadas no Afeganistão, Iraque, Líbia e Síria nos últimos 10 anos houve informações completamente erradas, inclusive sobre a identidade dos vitoriosos e dos derrotados – o que, segundo Cockburn, talvez explique "por que houve tantas surpresas e reversões inesperadas dos fatos". Cockburn observa que boa parte da mídia ocidental difundiu a crença equivocada de que as inovações tecnológicas mudavam rapidamente as realidades políticas. Os jornalistas estrangeiros se juntaram à oposição na demonização dos governos de Assad, na Síria, e Muammar Gaddafi, na Líbia, sem se preocupar em investigar quem eram os opositores. De forma sarcástica, Cockburn observa que era como se um "admirável mundo novo" estivesse sendo criado em alta velocidade nas telas das TVs. Novamente destilando ironia, Cockburn dá sua dica para o sucesso: "O ingrediente essencial de uma boa história de atrocidades é ser chocante e não refutável imediatamente". Entre tantas ilustrações sobre histórias fraudulentas relatadas por Cockburn, cito esta: "Um correspondente internacional visitou um campo de refugiados sírios onde encontrou uma criança de dez anos assistindo a um clipe de YouTube mostrando dois homens sendo executados com uma motosserra. A narração dizia que as vítimas eram sunitas sírios e os assassinos, alawitas. Na verdade o filme era do México e os assassinatos haviam sido praticados pelo cartel das drogas".

Cockburn mostra como uma série de erros cometidos pelos Estados Unidos e seus aliados ocidentais criou as condições para o surgimento do ISIS. Em primeiro lugar, a invasão do Iraque em 2003 fez com que os sunitas fossem marginalizados. Em segundo lugar, o apoio ocidental aos insurgentes na Síria criou o cenário propício para tipo de combate implementado pelo ISIS. Assim, conclui que a "Guerra ao Terror" promovida pelos Estados Unidos foi um grande fracasso. Isso é verdade, desde que você acredite que realmente era esse o objetivo visado pelos políticos e agentes de segurança norte-americanos e britânicos. Sem negar completamente essa versão, creio que também é possível levantar outra hipótese que não aparece no livro. Não é conveniente, para alguns, ter um inimigo permanente que se transmuta em formas cada vez mais assustadoras? Que o diga a indústria bélica, que precisa justificar seu crescimento, as empresas privadas de segurança, que precisam justificar sua expansão, e os ideólogos da ocupação do Oriente Médio, que precisam justificar a presença militar norte-americana na região.

Cockburn mostra, fartamente, exemplos de ações militares e diplomáticas completamente equivocadas por parte dos Estados Unidos, que, ao invés de derrotar o ISIS, só o fortaleceu. Sim, é possível e provável que erros de análise e de compreensão de fenômenos sociais e políticos sejam cometidos, mas será que é razoável supor que o aparato diplomático-militar dos Estados Unidos seja tão despreparado a ponto de cometer, reiteradamente, erros grosseiros? Ou podemos ter também como hipótese que talvez o fracasso da guerra possa ser de fato o seu sucesso? Os líderes políticos e generais em Washington e Londres podem estar recebendo pesadas críticas domésticas por seus erros no Iraque e Síria, mas alguns analistas do mundo árabe observam que, na verdade, estão sendo muito bem-sucedidos na execução de um plano para dividir o país. No fundo, a unidade entre a resistência sunita e xiita sempre foi motivo de preocupação por parte desses líderes.

Seja como for, o fato é que a ascensão meteórica do ISIS e sua declaração de restabelecer o Califado são algo sem precedentes na história do sistema estatal árabe que teve início após o fim do Império Otomano e a Conferência de Paz de Paris, em 1919. Pela primeira vez, um ator não-estatal islâmico, que agora é simultaneamente nacional e transnacional, esculpiu uma nova unidade política no mundo árabe, onde as fronteiras permaneceram relativamente inalteradas ao longo de todo o século XX.

Embora mencione em vários momentos, Cockburn não explora em profundidade o surgimento de uma nova forma de espacialidade política ligada à criação do Estado Islâmico no Oriente Médio, negando claramente a essência geográfica do campo das relações internacionais: o Estado com um território claramente delimitado. Ainda que se possa duvidar de sua durabilidade, trata-se, evidentemente, de uma demonstração da fraqueza do processo de criação artificial de estados-nação na região do Oriente Médio, caracterizado pelo arroubo das potências ocidentais em construir um sistema político na região à sua imagem e semelhança. O fracasso do nacionalismo como uma ideologia política no Oriente Médio influenciou o surgimento de movimentos radicais islâmicos que reivindicam a constituição de uma nova ordem política nesses territórios: o Califado. O colapso do Iraque e da Síria como estado-nação tem dado a estes movimentos força para consolidar o seu projeto e alargar os seus objetivos sobre um território que pode cobrir a região do Oriente Médio e além. De fato, este espaço geopolítico deve ser analisado também sob a perspectiva do que novas possibilidades de exploração de recursos (petróleo, principalmente) podem dar ao novo Califado em termos de poder dentro do sistema internacional.

O ISIS é especialista em estimular o medo. Os vídeos que produz, de seus combatentes executando soldados e pilotos de avião, tiveram um papel importante para aterrorizar e desmoralizar seus inimigos. Entretanto, esse medo também pode unir um amplo arco de oponentes do ISIS que eram antes hostis uns em relação aos outros. Como nota Cockburn, se o apelo do Estado Islâmico aos muçulmanos sunitas na Síria, no Iraque e em todo o mundo funciona, em parte, com base num sentimento de que suas vitórias são presentes de Deus e inevitáveis, isso também pode ser sinal de fragilidade, já que qualquer derrota pode afetar a alegação de apoio divino.

Ainda que seja improvável cumprir a promessa de garantir a viabilidade de seu Califado no Iraque e na Síria contra o poderio militar dos Estados Unidos e sua coalizão dentro do território governado por dois governos xiitas, sua ideologia provavelmente continuará a inspirar seguidores. Quer se trate de um ISIS abrigado nos centros urbanos de Mosul e Raqqa ou espalhado nas periferias, ainda assim será capaz de lançar ataques esporádicos dentro das cidades iraquianas e sírias, em particular por meio de carros-bombas e ataques suicidas. O Estado Islâmico poderia rasgar o Oriente Médio e causar ainda mais agitação para as gerações futuras, onde os Estados não têm uma ideologia que lhes permite competir como um foco de lealdade baseada em seitas religiosas ou grupos étnicos. A capacidade do ISIS para apelar a um imaginário islâmico através de fronteiras e sua restauração do Califado representa a cristalização de uma ideologia jihadista que se desenvolveu ao longo dos últimos trinta anos. Seu líder, Abu Bakr al-Baghdadi, propaga que o Califado é um tipo de Estado onde "árabes e não árabes, homens brancos e negros, orientais e ocidentais são todos irmãos... A Síria não é para os sírios e o Iraque não é para os iraquianos. A Terra é de Alá".

O grande pensador da guerra, C. Von Clausewitz, julgava que sempre reinará uma grande incerteza durante os confrontos armados, já que é simplesmente impossível ter conhecimento pleno de todas as informações em jogo. Como consequência, toda ação, em certa medida, será planejada na "névoa da guerra", que pode dar aparência deturpada às coisas. Portanto, o leitor não deve se espantar se, mesmo após a leitura desse livro, ainda reinem algumas incertezas. É impossível dissipar a névoa, mas o leitor perceberá com certeza que, após a leitura dessa obra, poderá acompanhar com mais segurança as inúmeras peças em movimento nesse verdadeiro xadrez geopolítico do Oriente Médio.

São Paulo, Junho, 2015

Reginaldo Nasser é mestre em Ciência Política (Unicamp) e doutor em Ciências Sociais (PUC-SP). Professor do Programa de Pós-Graduação em Relações Internacionais – San Tiago Dantas (Unesp, Unicamp e PUC) e chefe do Departamento de Relações Internacionais da PUC-SP.

PREFÁCIO: OS 100 DIAS

No verão de 2014, ao longo de 100 dias, o Estado Islâmico do Iraque e do Levante[1] (ISIS) transformou a política do Oriente Médio. Combatentes jihadistas combinaram fanatismo religioso e expertise militar para alcançar vitórias espetaculares e inesperadas contra forças do Iraque, da Síria e dos curdos. O ISIS chegou a controlar a oposição sunita aos governos de Bagdá e Damasco e se espalhou por toda parte, do Curdistão do Iraque à fronteira desse país com o Irã e às periferias de Aleppo, maior cidade síria. Durante essa rápida ascensão, agiu como que intoxicado por seus próprios triunfos. Não se preocupou com a expansão de sua lista de inimigos, que passou a incluir nações como os Estados Unidos e o Irã, adversários de longa data, mas unidos pelo medo comum dos fundamentalistas. A Arábia Saudita e as monarquias sunitas do Golfo Pérsico aliaram-se aos ataques aéreos dos norte-americanos sobre o ISIS na Síria, porque sentiram que o grupo representava ameaça à sua própria sobrevivência e status político no Oriente Médio, maior do que qualquer outro fato, desde que Saddam Hussein invadiu o Kuwait em 1990.

---

1. Nota do Tradutor: ISIS na maior parte da imprensa, mas também escrito ISIL na sigla em inglês para Islamic State on Iraq and the Levant. No Oriente Médio, o grupo é conhecido em árabe como ad-Dawlah al-Islāmiyah fī 'l-Irāq wa-sh-Shām, levando ao acrônimo árabe Da'ish ou Daesh.

O Iraque e a Síria chegaram à beira da desintegração quando suas diversas comunidades – xiitas, sunitas, curdos, alawitas e cristãos – perceberam que precisavam lutar por sua própria existência. Ao exigir obediência sem perdão à sua variante particular e exclusiva do Islã, o ISIS matou ou forçou a fuga de todos aqueles que rotulou como "apóstatas" e "politeístas" ou que simplesmente se colocaram contra seu domínio. Seus líderes eram produtos de uma década de guerra no Iraque e na Síria, e o martírio deliberado, por meio de bombas suicidas, foi uma prática central entre suas táticas militares. O mundo nunca havia visto algo semelhante a seu uso de violência pública, para aterrorizar oponentes, desde o Khmer Vermelho no Camboja, 40 anos antes. A data crucial foi 10 de junho de 2014, quando o ISIS capturou Mosul, capital do norte do Iraque, após quatro dias de luta. Em 23 de setembro, os Estados Unidos ampliaram o uso de força militar na Síria, para prevenir a expansão dos jihadistas. Nos 105 dias que separaram os dois eventos, o ISIS avançou sobre o Iraque e a Síria, derrotando com facilidade inimigos superiores em número e melhor equipados. Como seria de se esperar, atribuiu esses sucessos à intervenção divina.

Em contraste, o governo iraquiano dispunha de um exército com 350 mil soldados, no qual havia investido 41,6 bilhões de dólares, entre 2011 e 2014. Porém, essas forças derreteram sem resistência significativa. Uniformes e equipamentos abandonados foram encontrados dispersos ao longo das estradas que levavam ao Curdistão e a lugares seguros. Em duas semanas, as áreas do oeste do Iraque não controladas pelos curdos passaram às mãos do ISIS, que, no fim do mês, anunciou a criação de um Califado, que avançava profundamente no

Iraque e Síria. Seu líder, Abu Bakr al-Baghdadi, afirmou tratar-se de "um Estado onde árabes e não árabes, homens brancos e negros, orientais e ocidentais são todos irmãos... A Síria não é para os sírios e o Iraque não é para os iraquianos. A Terra é de Alá".

As palavras de Al-Baghdadi revelavam uma intoxicação pela vitória militar que foi crescendo à medida que seus homens enfrentaram e derrotaram oponentes na Síria e no Curdistão iraquiano. Em agosto, a ameaça do ISIS à capital curda, Erbil, deflagrou ataques aéreos dos Estados Unidos no interior do Iraque, que foram mais tarde estendidos à Síria, em 23 de setembro. O poder aéreo norte-americano pode não ter sido suficiente para eliminar ou mesmo conter o ISIS, mas forçou os combatentes a abandonarem a guerra semiconvencional, realizada com colunas de veículos (frequentemente, Humvees americanos, capturados do exército do Iraque) cheios de combatentes bem armados. Ao invés disso, o ISIS recuou para táticas de guerrilhas, já não esperando desencadear um ataque devastador contra o presidente sírio, Bashar al-Assad, os curdos sírios ou outros grupos rebeldes sírios contra os quais combatia na guerra civil desde janeiro de 2014.

Ao longo desses 100 dias, a geografia política do Iraque mudou diante dos olhos de seu povo e surgiram sinais concretos dessa transformação em toda parte. Os moradores de Bagdá passaram a cozinhar com gás propano, porque o abastecimento de eletricidade tornou-se totalmente inconstante. Logo, houve um desabastecimento crônico de cilindros de gás, que chegavam de Kirkuk: a estrada para o norte havia sido interrompida por combatentes do ISIS. Alugar um caminhão por um só dia, para percorrer 350 quilômetros da capital curda, Erbil, a Bagdá, passou a custar 10 mil dólares – contra 500 dólares, um mês antes. Existiam sinais abundantes de que os iraquianos temiam um futuro de violência, pois as armas e munições haviam ficado muito mais caras. O valor de uma bala para um rifle de assalto AK-47 rapidamente triplicou – para quatro mil dinares iraquianos, aproximadamente dois dólares. Tornou-se impossível comprar Kalashinikovs de traficantes de armas, embora pistolas ainda fossem encontradas pelo triplo do preço da semana anterior. Subitamente, quase todo mundo tinha armas, inclusive os guardas de trânsito de Bagdá, barrigudos e de camisas brancas, que passaram a usar submetralhadoras.

Muitos dos homens armados que começaram a aparecer nas ruas de Bagdá e outras cidades xiitas eram milicianos xiitas – alguns do Asaib Ahl aq-Haq, um racha do grupo populista xiita, seguidor do clérigo nacionalista Muqtada al-Sadr. Essa organização era controlada pelo primeiro-ministro Nouri al-Maliki e os iranianos. O fato de o governo apoiar-se em milícias sectárias para defender a capital foi um sinal do colapso das forças de segurança do Estado e do exército. Ironicamente, até então, um dos poucos feitos de Maliki como primeirominístro tinha sido enfrentar as milícias xiitas em 2008; mas, agora, ele as encorajava a retornar às ruas. Logo, corpos passaram a ser despejados à noite. Seus documentos de identidade haviam sido levados, mas se assumia que fossem vítimas sunitas dos esquadrões da morte das milícias. O Iraque parecia estar escorregando na beira de um abismo, no qual massacres e contra massacres sectários seriam comparáveis aos da guerra civil entre sunitas e xiitas, em 2006 e 2007.

Os 100 dias do ISIS em 2014 marcaram o fim de um período particular na história do Iraque, que começou com a derrubada de Saddam Hussein pela invasão dos

Estados Unidos e Grã-Bretanha, em março de 2003. Desde então, houve uma tentativa, da oposição iraquiana, de derrubar o velho regime e seus aliados externos e criar um novo Iraque, no qual as três comunidades compartilhassem o poder em Bagdá. A experiência fracassou desastrosamente, e parece que será impossível ressuscitar o projeto, porque as linhas de batalha entre curdos, sunitas e xiitas são hoje muito mais rígidas e amargas. O balanço do poder no interior do país está mudando. Também estão se alterando as fronteiras de fato do Estado, com um Curdistão ampliado e cada vez mais independente – tendo os curdos usado oportunisticamente a crise para obter territórios que sempre reivindicaram – e o fim da divisa entre Iraque e Síria.

O ISIS é especialista em estimular o medo. Os vídeos que produz, de seus combatentes executando soldados e pilotos de avião, tiveram um papel importante para aterrorizar e desmoralizar militares xiitas à época da captura de Mosul e Tikrit. Em seguida, houve mais cenas sinistras publicadas na internet, quando o ISIS derrotou a peshmerga (soldados curdos) do Governo Regional do Curdistão, em agosto. Entretanto, o medo também uniu um amplo arco de oponentes do ISIS que eram antes hostis uns em relação aos outros. No Iraque, os Estados Unidos e os iranianos ainda se denunciam reciprocamente. Porém, a incursão de milícias xiitas controladas pelo Irã, ao norte de Bagdá, em setembro, para terminar com o cerco à cidade xiita turcomana de Amerli, somente foi possível graças aos ataques aéreos dos norte-americanos às posições do ISIS. Quando o primeiro-ministro desacreditado do Iraque, Nouri al-Maliki, foi substituído por Haider al-Abadi, no mesmo período, a mudança foi apoiada tanto por Washington quanto por Teerã. Maliki considerou brevemente uma resistência à sua substituição, mobilizando unidades militares leais a si no centro de Bagdá, mas foi duramente advertido contra uma tentativa de golpe por oficiais iranianos e norte-americanos.

Claro que porta-vozes dos Estados Unidos e do Irã negam a existência de colaboração ativa entre as duas partes, mas estão, no momento, adotando políticas paralelas diante do ISIS, comunicando suas intenções por meio de intermediários e serviços de inteligência. Não é algo exatamente novo. Os iraquianos sempre disseram, cinicamente, que quando se trata do Iraque "os americanos e iranianos gritam uns com ou outros sobre, mas se dão as mãos por baixo". Tais teorias conspiratórias podem ser exageradas, mas é verdade que nas relações entre os Estados Unidos e seus aliados europeus, por um lado, e os governos sírio e iraniano, por outro, há uma distância maior do que nunca entre o que Washington diz e o que faz.

O assalto do ISIS contra os curdos e, em especial, as guerrilhas curdas Yazidi, no início de agosto, abriu um novo capítulo no envolvimento dos Estados Unidos no Iraque. A rápida derrota da força, supostamente constituída por combatentes superiores aos do exército regular do Iraque, foi uma demonstração clara da capacidade militar do ISIS. É possível que o poderio da peshmerga tenha sido superestimado: seus integrantes não haviam combatido contra ninguém, exceto entre si mesmos, por um quarto de século. Um observador externo que a conhecia bastante referia-se a ela como a "pêche melba"[2], acrescentando que era boa apenas para emboscadas nas montanhas.

Sacudidos pelas vitórias do ISIS, os Estados Unidos intervieram para lançar ataques aéreos e proteger a capital

---

2. N. do T.: sobremesa de pêssegos, amoras e sorvete.

curda, Erbil. A partir de então, voltaram à guerra no Iraque, embora mais cautelosos e alertas para as perigosas complexidades da atividade militar no país do que em 2003. Por diversas vezes, o presidente Barack Obama e seus assessores disseram que precisavam de um parceiro confiável em Bagdá, um governo mais inclusivo e menos sectário do que o de Maliki, para que Washington pudesse empregar sua força. O objetivo era inteligente: dividir a comunidade sunita, separá-la do ISIS e isolar os extremistas, de modo semelhante ao do "Avanço" no deslocamento de soldados em 2007. Os norte-americanos argumentaram que para pacificar ao menos um setor dos sunitas era preciso que houvesse em Bagdá um governo disposto a dividir poder, dinheiro e empregos.

Como é comum no Iraque e na Síria, foi mais fácil dizer do que fazer. Muitos dos sunitas vivendo sob o Califado instituído pelo ISIS não gostavam de seus novos governantes e sentiam-se amedrontados por eles. No entanto, temiam ainda mais o exército iraquiano, as milícias xiitas e os curdos no Iraque, ou o exército da Síria e as milícias favoráveis a Assad nesse país. O dilema com que se deparam os sunitas no Iraque e na Síria é graficamente descrito num e-mail enviado em setembro, depois que seu bairro foi bombardeado pela aviação iraquiana, por uma amiga sunita em Mosul, que tem todas as razões para não gostar do ISIS. Vale a pena reproduzi-lo na íntegra, porque ele revela como será difícil para os sunitas iraquianos enxergarem no governo de Bagdá algo além de um inimigo odiado:

> O bombardeio foi executado pelo governo. Os ataques visaram bairros totalmente civis. Talvez desejassem atingir duas bases do ISIS, mas nenhuma das roda-

> das de bombas acertou os alvos. Um deles é uma casa, ligada a uma igreja, onde vivem homens do ISIS. Fica próxima ao gerador do bairro e distante 200 a 300 metros de nossa casa. O bombardeio apenas feriu civis e demoliu o gerador. Desde ontem à noite, não temos mais eletricidade. Escrevo de um aparelho na casa de minha irmã, que está vazia. O bombardeio do governo não atingiu nenhum homem do ISIS. Acabo de ouvir de um parente que nos visitou para saber se estamos bem, depois daquela noite terrível, que, em razão do bombardeio, jovens estão juntando-se ao ISIS às dezenas ou centenas, porque cresceu o ódio contra o governo, que não se preocupa com a morte de sunitas. As forças do governo foram para Amerli, uma vila xiita circundada por dezenas de vilas sunitas, embora Amerli jamais tenha sido tomada pelo ISIS. As milícias do governo atacaram as vilas sunitas que a circundam, matando centenas, com auxílio dos ataques norte-americanos.

Muito disso é verdadeiro na Síria. O ISIS é mais popular nas cidades e vilas sunitas capturadas em torno de Aleppo do que muitos outros grupos rebeldes semibandidos. Nesse país, o ISIS está na ofensiva e impôs as mais sérias derrotas que o exército oficial sofreu em três anos de guerra, como a captura de uma base aérea bem defendida em Tabqa, na região leste. Karen Koenig Abu-Zaid, membro da Comissão de Inquérito da ONU na Síria, disse, àquela época, que cada vez mais rebeldes estavam debandando para o ISIS. "Veem que é melhor, que suas armas são fortes, que vencem batalhas, que trazem dinheiro e que podem treiná-los".

Os ataques aéreos dos Estados Unidos farão vítimas no ISIS e tornarão mais difícil que suas colunas de veículos movam-se nas estradas. Entretanto, ser alvo dos aviões norte-americanos também representa vantagens para os rebeldes, porque haverá inevitavelmente vítimas civis. A força militar não substitui um aliado confiável no solo e pode ser contraprodutiva, à medida que aliena a população local. Pode matar numerosos combatentes do ISIS – mas muitos foram ao Iraque e Síria com a intenção expressa de se tornar mártires. No início de outubro, os resultados da tentativa de fazer o ISIS recuar por meio de força aérea apenas tornaram-se evidentes: os combatentes do grupo continuavam a avançar contra os sírios em Kobani e contra as forças do governo iraquiano, a oeste de Bagdá.

A fraqueza política da coalizão liderada pelos Estados Unidos estava se tornando evidente, porque membros destacados, como a Arábia Saudita, os Emirados Árabes e a Turquia, eram tão hostis ao governo Assad, aos curdos sírios e aos que combatiam o ISIS quanto este próprio. O vice-presidente norte-americano, Joe Biden, deu a Washington uma visão real sobre seus aliados na região e na Síria, com franqueza não diplomática, ao falar, no Fórum John F. Kennedy Jr, no Instituto de Política da Universidade de Harvard, em 2 de outubro de 2014:

> A Arábia Saudita, a Turquia e os Emirados Árabes estavam muito determinados a derrubar Assad e, em essência, provocar uma guerra por procuração entre sunitas e xiitas. O que fizeram? Destinaram centenas de milhões de dólares e dezenas de toneladas de armas a qualquer um disposto a lutar contra Assad. Porém, as pessoas que estavam sendo abastecidas eram da Al-Nusra e Al-Qaeda e extremistas da jihad vindos de outras partes do mundo.

Ele acrescentou que o ISIS, sob pressão no Iraque, tinha sido capaz de reconstruir sua força na Síria. E sobre a política norte-americana, de recrutar "moderados" sírios para lutar tanto contra o ISIS quanto contra Assad, Biden disse que "os Estados Unidos descobriram não haver nenhum centro moderado na Síria, porque os moderados são compostos de comerciantes, não de soldados". Raras vezes as forças que agiram para criar o ISIS e a crise atual no Iraque foram descritas com tanta precisão.

I.

A ASCENSÃO DO ISIS

Atualmente, movimentos do tipo Al-Qaeda governam uma vasta área no norte e oeste do Iraque e no norte e leste da Síria, centenas de vezes maior do que qualquer território controlado, em algum momento, por Osama bin Laden. Foi depois de sua morte que filiais ou clones da Al-Qaeda tiveram seus maiores êxitos, incluindo a captura de Raqqa, na região leste da Síria, que se tornou, em março de 2013, a primeira capital provincial a cair em mãos dos rebeldes. Em janeiro de 2014, o ISIS tomou Fallujah, pouco mais de 60 quilômetros distante de Bagdá, uma cidade cercada e atacada pelos marines norte-americanos, 10 anos antes, num episódio que se tornou famoso. Em poucos meses, eles também capturaram Mosul e Tikrit. As linhas de fronteira podem continuar a mudar, mas será difícil reverter a expansão global de seu poder. Com seu ataque rápido e multidirecionado de junho de 2014, os militantes do ISIS superaram a Al-Qaeda como o mais poderoso e eficaz grupo jihadista no mundo.

Esses fatos chocaram muitos no Ocidente, inclusive os políticos e especialistas, cujo olhar parecia estar sempre atrasado em relação aos acontecimentos. Uma razão é que se tornou muito difícil para jornalistas e observadores externos visitar as áreas onde o ISIS operava, com enorme risco de sequestro ou assassinato. "Aqueles que costumavam proteger os jornalistas estrangeiros já não podem proteger nem a si mesmos", contou-me um correspondente intrépido, explicando por que não retornaria às áreas controladas pelos rebeldes na Síria.

A falta de cobertura chegou a ser conveniente para os governos dos Estados Unidos e de outras nações ocidentais. Permitiu-lhes esconder a extensão do fracasso catastrófico da "Guerra ao Terror" lançada após o 11 de Setembro. Esse insucesso também foi mascarado pelas ilusões e autoilusões, por parte dos governos. Em 28 de maio de 2014, ao falar na Academia Militar de West Point sobre o papel dos norte-americanos no mundo, o presidente Obama afirmou que a maior ameaça não era representada pela Al-Qaeda central, mas por "suas filiais descentralizadas e extremistas, muitos com agendas focadas nos países em que operam". E acrescentou: "À medida que a guerra civil na Síria extravasa suas fronteiras, amplia-se a capacidade dos grupos extremistas, fortalecidos pelas batalhas, em nos perseguir".

Era verdade, mas a solução de Obama diante da ameaça seria, segundo ele disse, "ampliar o apoio àqueles que, na oposição síria, oferecessem a melhor alternativa diante dos terroristas". Em junho, ele solicitou ao Congresso 500 milhões de dólares para treinar e equipar membros da oposição síria "apropriadamente examinados". Havia aí intenção real de enganar, porque, conforme o vice-presidente Joe Biden admitiria cinco meses mais tarde, a oposição militar síria é dominada pelo ISIS e o grupo Frente al-Nusra, o representante oficial da Al-Qaeda, além de outros extremistas ligados à jihad. Na verdade, não havia muro de separação algum entre eles e os aliados supostamente moderados de Washington.

Um membro da inteligência de um país do Oriente Médio vizinho à Síria revelou-me que os integrantes do

ISIS "dizem que ficavam sempre satisfeitos quando armas sofisticadas eram enviadas para qualquer tipo de grupo anti-Assad, porque eles podem sempre obtê-las por ameaça ou pagamentos em dinheiro". Não são palavras vazias. Armas fornecidas às forças anti-Assad na Síria, por aliados dos Estados Unidos, como a Arábia Saudita e o Qatar, foram frequentemente capturadas no Iraque. Vivi um pequeno exemplo das consequências desse fluxo de armas, mesmo antes da queda de Mosul, quando, no inverno de 2014, tentei reservar um voo para Bagdá na mesma empresa de aviação europeia que havia usado um ano antes. Disseram-me que ela havia interrompido a rota para a capital do Iraque, por temer que insurgentes tivessem obtido mísseis antiaéreos portáteis originalmente fornecidos às forças anti-Assad na Síria e que os usassem contra aviões comerciais voando para o Aeroporto Internacional de Bagdá. O apoio ocidental para a oposição síria pode ter sido insuficiente para derrubar Assad, mas foi usado com sucesso para desestabilizar o Iraque, como haviam previsto, desde há muito, políticos iraquianos.

O fracasso da "Guerra ao Terror" e o ressurgimento da Al-Qaeda são também explicados por um fenômeno evidenciado horas depois do 11 de Setembro. Os primeiros movimentos de Washington deixaram claro que ela seria conduzida sem nenhum confronto com a Arábia Saudita e o Paquistão, dois aliados próximos dos Estados Unidos, apesar do fato de que, sem o envolvimento desses dois países, os ataques ocorridos em Nova York e Washington provavelmente não teriam ocorrido. Dos 19 sequestradores daquele dia, 15 eram sauditas. Bin Laden era originário da elite saudita. Documentos oficiais norte-americanos frisam repetidamente que o financiamento à Al-Qaeda e outros grupos jihadistas era proveniente da Arábia Saudita e das monarquias do Golfo Pérsico. No caso do Paquistão, exército e serviço militar haviam desempenhado um papel central desde o início dos anos 1990, ao impulsionar a tomada do poder pelo Talibã, no Afeganistão, onde abrigaram Bin Laden e a Al-Qaeda. Após um breve hiato, durante e após o 11 de Setembro, o Paquistão reiniciou seu apoio ao Talibã afegão. Ao falar sobre o papel central do Paquistão no apoio ao Talibã, o representante especial dos Estados Unidos para esse país e o Afeganistão, Richard C. Holbrooke, afirmou: "Nós podemos estar lutando contra o inimigo errado, no lugar errado".

A importância da Arábia Saudita na ascensão e retorno da Al-Qaeda é frequentemente mal compreendida e avaliada. O país é influente porque suas vastas reservas de óleo e riqueza o tornam poderoso no Oriente Médio e além. Contudo, não são apenas os recursos financeiros que o transformam em ator tão importante. Outro fator é seu papel na propagação do wahabismo, a versão fundamentalista do Islã, nascida no século XVIII, que impõe a lei da sharia, relega as mulheres ao papel de cidadãs de segunda classe e enxerga os xiitas e sufistas como não muçulmanos, que devem ser tão perseguidos quanto cristãos e judeus.

Tais intolerância religiosa e autoritarismo político, com prontidão para o uso da violência, que têm muitas similitudes com o fascismo europeu dos anos 1930, estão se tornando cada vez piores. Por exemplo, há poucos anos, o saudita que montou um website em que clérigos podiam ser criticados foi condenado a mil chibatadas e sete anos de prisão. A ideologia da Al-Qaeda e do ISIS é em grande parte originária do wahabismo. Os críticos dessa nova tendência do Islã originários de outras partes do mundo muçulmano não sobrevivem muito: são forçados a fugir ou assassinados. Ao denunciar os líderes jihadistas em Kabul, em 2003, um editor afegão descreveu-os como "fascistas sagrados", que usavam o Islã como "um instrumento para tomar o poder". Como era de se prever, foi acusado de insulto e teve de deixar o país.

Um fato notável no mundo islâmico, nas últimas décadas, é a forma como o wahabismo está sobrepujando o sunismo islâmico tradicional. Em um país após o outro, a Arábia Saudita injeta dinheiro para treinar pregadores e construir mesquitas. Um resultado é a difusão da tendência sectária entre sunitas e xiitas. Os últimos veem-se alvo de ataques sem precedentes, da Tunísia à Indonésia. Esse sectarismo não está confinado a vilarejos vizinhos a Aleppo ou ao Punjab: envenena as relações entre as duas vertentes em qualquer agrupamento islâmico. Um amigo muçulmano em Londres relatou-me: "Olhe as agendas de qualquer sunita ou xiita na Grã-Bretanha e você encontrará pouquíssimos nomes de pessoas fora de sua própria comunidade".

Mesmo antes de Mosul, Obama começou a perceber que grupos do tipo Al-Qaeda eram muito mais fortes do que haviam sido antes, mas sua receita para lidar com eles repete e exacerba erros anteriores. "Precisamos de parceiros para lutar ao nosso lado contra os terroristas", disse aos que o escutavam em West Point. No entanto, quem seriam eles? Arábia Saudita e Qatar não foram mencionados, embora continuem ao lado dos Estados Unidos na Síria. Ao invés desses dois países, Obama apontou "Jordânia e Líbano, Turquia e Iraque" como aliados a receberem ajuda para "enfrentar os terroristas que atuam além das fronteiras da Síria". Há algo absurdo nisso, já que os jihadistas estrangeiros na Síria e no Iraque, os que Obama admite e entende como a principal ameaça, só podem chegar a esses países porque cruzam a fronteira de 800 quilômetros entre a Turquia e a Síria sem serem incomodados pelas autoridades turcas. A Arábia Saudita, Turquia e Jordânia podem agora estar assustadas com o Frankenstein que ajudaram a criar, mas há pouco que possam fazer para detê-lo.

Um objetivo oculto da insistência de Washington em que Arábia Saudita, Emirados Árabes, Qatar e Bahrein participassem ou apoiassem os ataques aéreos na Síria, em setembro, foi forçá-los a romper seus laços anteriores com os jihadistas. Houve sempre algo fantástico na aliança dos Estados Unidos e outras potências ocidentais com as monarquias absolutistas, teocráticas e sunitas, da Arábia Saudita e do Golfo Pérsico, a pretexto de levar a democracia à Síria, Iraque e Líbia. Em 2011, os norte americanos eram, no Oriente Médio, um poder mais débil do que haviam sido em 2003, porque seus exércitos fracassaram no Iraque e Afeganistão. Nas rebeliões de 2011, os destinatários das injeções maciças de dinheiro dos reis e emires do Golfo Pérsico foram os setores jihadistas e sunitas sectários, a ala militarizada dos movimentos. Os oponentes seculares e não sectários dos estados policiais há muito estabelecidos na região foram rapidamente marginalizados, silenciados ou mortos. A mídia internacional foi muito lenta ao notar a que ponto a natureza desses movimentos havia mudado, embora os islamistas fossem muito claros sobre quais eram suas prioridades sectárias. Na Líbia, um dos primeiros atos dos rebeldes triunfantes foi exigir a legalização da poligamia, que havia sido banida pelo regime de Muamar Gaddafi.

O ISIS é filho da guerra. Seus membros buscam redesenhar o mundo a partir de si mesmos, por atos de violência. Sua combinação tóxica, porém eficaz, de crenças religiosas extremas com capacidade militar é produto da guerra no Iraque desde a invasão norte-americana em 2003 e da guerra na Síria, desde 2011. Exatamente no momento em que a violência declinava no Iraque, foi reavivada na Síria pelos árabes sunitas. É consenso entre os governos e a mídia, no Ocidente, que a guerra civil no Iraque foi reacendida pelas políticas sectárias do primeiro-ministro iraquiano Nouri al-Malik. Na verdade, foi a guerra na Síria que desestabilizou Bagdá, quando grupos jihadistas como o ISIS, à época chamado de Al-Qaeda no Iraque, encontraram um novo campo de batalha, onde puderam lutar e florescer. Foram os Estados Unidos, a Europa e seus aliados regionais na Turquia, Arábia Saudita, Qatar, Kuwait e Emirados Árabes que criaram as condições para a ascensão do ISIS. Eles sustentaram um levante sunita na Síria, que se espalhou para o Iraque. Mantiveram a guerra na Síria, embora fosse óbvio, desde 2012, que Assad não cairia. Ele nunca controlou menos de treze ou catorze capitais provinciais da Síria, e foi apoiado pela Rússia, Irã e o Hezbollah. Ainda assim, as únicas chances de paz que lhe foram propostas nas conversações de Genebra II, em janeiro de 2014, implicavam que deixasse o poder. Ele não aceitaria, e se criaram condições ideais para que o ISIS prosperasse.

Agora, os Estados Unidos e seus aliados tentam colocar as comunidades sunitas, no Iraque e Síria, contra o grupo, mas será difícil, num momento em que esses países estão convulsionados pela guerra. O ressurgimento de facções do tipo Al-Qaeda já não é uma ameaça confinada à Síria, Iraque e vizinhos. O que está ocorrendo nessas nações, combinado com a dominância crescente de crenças wahabitas intolerantes entre as comunidades sunitas, significa que 1,6 bilhão de muçulmanos – quase um quarto da população mundial – serão crescentemente afetados. Parece improvável que os não muçulmanos, inclusive os ocidentais, deixem de ser atingidos por esse conflito. Após ter transformado a cena política no Iraque e Síria, o jihadismo ressurgente já produz efeitos remotos na geopolítica global, com consequências sobre todos nós.

II.

A BATALHA DE MOSUL

Em 6 de junho de 2014, os combatentes do ISIS lançaram um ataque a Mosul, segunda maior cidade do Iraque, que caiu quatro dias depois. Foi uma vitória espantosa, alcançada por uma força de 1.300 homens contra outra que nominalmente teria 60 mil, incluindo o exército iraquiano e as polícias locais. Como em muitos casos no Iraque, contudo, a disparidade numérica não era o que parecia ser. A corrupção das forças de segurança era tal que apenas um em cada três de seus homens estava de fato presente em Mosul. Os demais pagavam até metade de seus salários a seus superiores para ficar em permanente licença. Mosul já era muito insegura havia bastante tempo. A Al-Qaeda no Iraque (como o ISIS foi anteriormente conhecido) sempre manteve forte presença nessa cidade de dois milhões de habitantes, a maioria esmagadoramente sunita. Durante algum tempo, o grupo obteve dinheiro vendendo regularmente proteção a empresários. Em 2006, um comerciante com quem eu tinha amizade em Bagdá contou que estava fechando sua loja de celulares em Mosul por conta dos pagamentos que tinha de fazer à Al-Qaeda.

Relatos exagerados do sucesso da ofensiva norte- americana, no ano seguinte, garantindo que a Al-Qaeda havia sido esmagada, ignoravam a presença dos combatentes em Mosul. Algumas semanas após a queda da cidade, encontrei um empresário turco em Bagdá. Ele relatou que havia mantido um grande contrato de construção em Mosul, nos anos anteriores. O emir local, líder do ISIS, exigiu 500 mil dólares mensais como taxa de proteção de sua empresa. "Reclamei diversas vezes em Bagdá, mas não fizeram nada a respeito, exceto dizer que eu poderia acrescentar o valor cobrado por eles ao preço do contrato".

O ISIS tinha outra vantagem, que lhe dá até o momento grande superioridade em relação a seus principais inimigos. Os vales do Eufrates e do Tigre e a estepe vazia e deserta onde opera, nas regiões norte e oeste do Iraque e leste da Síria, parecem-se muito, não importando de que lado do vale você esteja. Porém, as condições militares e políticas são totalmente distintas nos dois países, o que permite aos comandantes do Califado mover-se em todas as direções nesse território, tirar proveito de oportunidades e apanhar os inimigos de surpresa. Por isso, o ISIS tomou Mosul e Tikrit em junho, mas não atacou Bagdá. Em julho, impôs uma série de derrotas ao exército sírio. Em agosto, invadiu o Curdistão iraquiano. E, em setembro, estava invadindo o enclave do Curdistão sírio em Kobani, na fronteira com a Turquia. O grupo fica mais forte à medida que opera em dois diferentes países.

A queda de Mosul, em junho de 2014, foi um ponto de virada tão grande na história do Iraque, da Síria e do Oriente Médio que vale a pena descrevê-la detalhadamente. Na campanha para o cerco da cidade, o ISIS começou com o que pareceu ser um ataque diversionista contra outros alvos no norte do Iraque. Foi provavelmente uma tática para manter, tanto quanto possível, o exército e o governo iraquiano confusos a respeito do objetivo real. Primeiramente, uma coluna de veículos cheios de atiradores portando metralhadoras pesadas penetrou em Samarra, na província de Salahuddin, em 5 de junho, e se apoderou de boa parte da cidade. Isso só poderia desencadear uma resposta governamental pesada, já que Samarra, ainda que majoritariamente sunita, é o local de Al-Askari, uma das sedes xiitas mais sagradas. Um ataque a bomba, em 2006, provocou resposta xiita furiosa, com massacre de sunitas em toda Bagdá. Previsivelmente, o exército iraquiano enviou, por helicópteros, reforços de sua Divisão Dourada, para expulsar os combatentes inimigos. Houve outras ações diversionistas. Numa delas, atiradores tomaram o campus universitário de Ramadi, a capital da província de Anbar, e aprisionaram por tempo breve centenas de estudantes. Em outra, em Baquba, a nordeste de Bagdá, um carro-bomba atingiu o escritório de contraterrorismo. Neste caso, como em tantos outros, o grupo de assalto não atacou casas e se retirou rapidamente.

O assalto a Mosul foi muito mais sério, embora a princípio não parecesse. Começou com quatro ataques suicidas a bomba, amparados por fogo de morteiros. O ISIS foi apoiado por outros grupos paramilitares sunitas, dentre eles o Naqshbandi, baathista, o Ansar al-Islam e o Exército Moujahedin, embora não estivesse claro, até então, se facções operavam fora de sua autoridade. Combatentes jihadistas destruíram postos de controle governamentais que paralisavam o tráfego da cidade há muito tempo, mas se provaram inúteis como aparatos de segurança. Esses ataques não diferiram das ações diversionistas mais ao sul anteriormente, mas, em 7 de junho, os Estados Unidos e o Ministério do Interior curdo detectaram, à distância, um comboio do ISIS movimentando-se da Síria em direção a Mosul. A luta do dia seguinte foi crítica, porque esquadrões de combatentes do ISIS apoderaram-se de edifícios importantes, dentre eles o quartel da Polícia Federal. Em Bagdá, o governo foi totalmente incapaz de compreender a gravidade da situação, dizendo aos preocupados diplomatas norte-americanos que, em uma semana, reforços chegariam a Mosul. Também desprezou uma proposta de Massoud Barzani, o líder curdo, para enviar sua peshmerga a Mosul e combater o ISIS, considerando-a uma ação oportunista de grilagem.

A derrota tornou-se irreversível em 9 de julho, quando três generais iraquianos destacados – Abboud Qanbar, vice-comandante; Ali Ghaidan, comandante das forças terrestres; e Mahdi Gharawi, cabeça das Operações Níneve – subiram num helicóptero e fugiram para o Curdistão. Isso provocou o colapso moral e a desintegração das forças do exército. Em 11 de junho, ficou clara a incapacidade do governo Al-Maliki de saber o que estava ocorrendo ou tomar decisões, quando aprovou o deslocamento de uma peshmerga à cidade, um dia após ter fracassado. A história de um soldado do exército iraquiano revela como era ser aprisionado nessa derrota vergonhosa. No início de junho, Abbas Saddam, do distrito xiita de Bagdá, que servia na 11ª divisão do exército iraquiano, foi transferido de Ramadi para Mosul. A luta começou pouco depois de ele chegar, mas, na manhã de 10 de junho, seu comandante ordenou aos subordinados que deixassem de atirar, entregassem suas armas aos insurgentes, livrassem-se dos uniformes e saíssem da cidade. Antes que pudessem obedecer, suas barracas foram invadidas por uma massa de civis.

"Apedrejavam-nos", lembra-se Abbas, relatando que gritavam: "Não queremos vocês em nossa cidade! Vocês são filhos de Maliki. Vocês são filhos da mutta [a tradição xiita de casamento temporário, desprezada pelos sunitas]. Vocês são safavidas [xiitas]! Vocês são o exército do Irã".

O ataque da multidão revelou que a queda de Mosul resultou de uma incursão militar, mas também de um levante popular. O exército iraquiano era odiado como uma força de ocupação exercida por soldados xiitas, vistos em Mosul como servidores de um regime fantoche do Irã, dirigido por Maliki no Iraque. O soldado Abbas relata que havia combatentes do ISIS – chamado de Daesh no Iraque, um nome derivado de seu acrônimo em árabe – misturados à multidão. Eles diziam aos soldados: "Entreguem suas armas e vão. Se não, vamos matá-los". Abbas viu mulheres e crianças com armas militares. Moradores ofereceram aos soldados túnicas árabes, para que pudessem fugir. Ele voltou para sua família em Bagdá, mas não comunicou ao exército, por medo de ser levado a julgamento por deserção, como ocorreu com um amigo.

Embora os sunitas de Mosul se alegrassem por ver o exército iraquiano pelas costas e temessem seu retorno, estavam cientes de que a cidade havia se convertido num lugar perigoso. Entretanto, nada podiam fazer a respeito. Em 11 de junho, uma amiga, sunita e profissional liberal, enviou-me um e-mail no qual revelava a ansiedade compartilhada por muitos:

> Mosul caiu completamente nas mãos do ISIS. A situação aqui é muito calma. Parecem tratar a população com cortesia e protegem todas as instituições governamentais contra saqueadores. O governo de Mosul e todo o exército do Iraque, a

> polícia e as forças de segurança deixaram suas posições e fugiram da batalha. Tentamos fugir para o Curdistão, mas não permitiram. Vão nos colocar, como refugiados, em tendas sob o calor do sol. Por isso, a maioria das pessoas voltou para casa e decidiu que não pode se ver como refugiada, mas não sabemos o que pode acontecer nas próximas horas. Deus proteja todo mundo. Reze por nós.

Não foi apenas em Mosul que as forças de segurança do Iraque desintegraram-se e fugiram, liderados por seus comandantes. A cidade de Baiji, sede da maior refinaria do país, foi abandonada sem luta, assim como Tikrit. Outra vez, um helicóptero surgiu para resgatar os comandantes do exército e os oficiais mais graduados. Os soldados de Tikrit que se renderam foram divididos em dois grupos – sunitas e xiitas. Muitos, no segundo grupo, foram metralhados diante de uma trincheira. Sua execução foi gravada em vídeo para intimidar as unidades restantes das forças de segurança. Os norte-americanos disseram que cinco das 18 divisões do exército desintegraram-se durante a queda da região norte do Iraque. Ao mesmo tempo, até mesmo o ISIS pareceu chocado pela extensão de seu próprio sucesso.

"Tanto os inimigos quanto os apoiadores estão boquiabertos", afirmou o porta-voz do ISIS, Abu Mohammed al-Adnani. A celebração, contudo, foi acompanhada de um aviso: os combatentes do ISIS não deveriam impressionar-se com todo o material militar norte-americano que haviam capturado. "Não sejam presas de suas vaidades e egos", disse a eles, "mas marchem rumo a Bagdá antes que os xiitas possam recompor-se".

Cheguei a Bagdá em 16 de junho, quando a cidade ainda estava em estado de choque após o colapso do exército. As pessoas não podiam acreditar que o período iniciado em 2005, quando os xiitas tentaram dominar o Iraque como os sunitas haviam feito antes, sob Saddam Hussein e a monarquia, tivesse subitamente terminado. O desastre, de seu ponto de vista, era tão inesperado e inexplicável que qualquer outra calamidade parecia possível. Em teoria, a capital era segura: tinha uma maioria xiita e era defendida pelos remanescentes do exército regular, além de dezenas de milhares de milicianos xiitas. O mesmo, todavia, poderia ter sido dito de Mosul e Tikrit.

A primeira reação do governo à derrota foi descrença e pânico. Maliki atribuiu a queda de Mosul a uma conspiração profunda, embora nunca identificasse os conspiradores. Parecia ao mesmo tempo perplexo e desafiador, mas não demonstrava sentir responsabilidade pessoal pela derrota, apesar de ter nomeado pessoalmente todos os comandantes de divisão do exército.

Nos primeiros dias após a queda de Mosul, havia um senso de histeria semissuprimida nas ruas vazias. As pessoas permaneciam em casa, amedrontadas, para seguir as últimas notícias na TV. Muitas haviam estocado comida e combustível horas depois de ouvir a respeito do colapso do exército. Lojas de doces e padarias produziam pastéis especiais para quebrar o jejum ao final do dia, durante o Ramadan, mas poucos os compravam. Casamentos eram cancelados. A cidade foi varrida por rumores segundo os quais o ISIS planejava um ataque súbito ao centro de Bagdá e a tomada da Zona Verde, apesar de sua imensa fortificação. Um jornal da capital relatou que não menos de sete ministros e 42 parlamentares haviam se refugiado na Jordânia, junto com suas famílias.

O maior medo era de que os combatentes do ISIS, que estavam a apenas uma hora de carro, em Tikrit e Fallujah, planejassem seu ataque para coincidir com um levante dos enclaves sunitas da capital. Estes, embora animados pelas notícias da queda das províncias sunitas para os insurgentes, temiam que os xiitas se sentissem tentados a promover um massacre preventivo contra a sua minoria na cidade, vista como uma potencial quinta coluna. Redutos sunitas, como Adhamiya, na margem leste do Tigre, pareciam desertos.

Por exemplo: tentei contratar um motorista recomendado por um amigo. Ele me disse que precisava do dinheiro, mas era sunita, e o risco de ser parado num posto de controle era grande demais. "Estou tão amedrontado", disse, "que nunca saio de casa depois das seis da tarde". Era fácil entender a que ele se referia. Homens de aparência sinistra em roupas civis, que poderiam ser dos serviços de inteligência governamentais ou de milícias xiitas, haviam surgido subitamente nos pontos de controle, levando suspeitos. Esses novos oficiais, inteiramente uniformizados, estavam claramente em posição de dar ordens aos policiais e soldados.

Nos escritórios, trabalhadores sunitas pediam para voltar para casa mais cedo, para não serem presos. Outros simplesmente deixavam de ir ao trabalho. Ser detido num posto de controle em Bagdá implica uma carga extra de medo, porque todo mundo, particularmente os sunitas, recorda o que isso significava durante a guerra civil sectária de 2006 e 2007: muitos dos pontos de controle eram dominados por esquadrões da morte, e possuir a carteira de identidade errada significava execução inevitável. Relatos da imprensa davam conta de que os matadores eram "homens vestidos como policiais", mas todo mundo em Bagdá sabe que a condição de policial e soldado é frequentemente intercambiável.

Não havia nada de paranoico ou irracional na sensação sempre presente de ameaça. O conselheiro de segurança nacional do Iraque de então, Safa Hussein, disse-me: "Muitas pessoas pensam que o ISIS irá sincronizar ataques de dentro e de fora de Bagdá". Ele acreditava que tal assalto fosse possível, embora acreditasse que levaria o ISIS e os rebeldes sunitas que se juntassem a ele à derrota. Os sunitas são minoria, mas não seria muito difícil para uma força de ataque proveniente dos bastiões sunitas na província de Anbar articular-se com os distritos da cidade, como Amariya.

III.

EM ESTADO DE NEGAÇÃO

Em 8 de agosto, a aviação norte-americana começou a bombardear o ISIS no Iraque. Em 23 de setembro, os generais acrescentaram o ISIS e o Frente al-Nusra, representante da Al-Qaeda na Síria, à sua lista de alvos. Os combatentes, que haviam removido seus homens e equipamentos dos edifícios e outros locais que poderiam ser facilmente atingidos, passaram a táticas de guerrilha, que haviam adotado com sucesso no passado.

Nos Estados Unidos e Grã-Bretanha (que começou operações aéreas no Iraque em 27 de setembro), houve fanfarra sobre "atingir e destruir" o ISIS, mas não apareceu evidência de um plano de longo prazo, além de conter e ameaçar os jihadistas por meios militares. Como era muito frequente, durante a intervenção militar norte-americana entre 2003 e 2011, a mídia colocou foco excessivo sobre as ações dos governos ocidentais como motor principal dos acontecimentos. Isso foi acompanhado por uma compreensão frágil e equivocada sobre os novos acontecimentos no Iraque e na Síria e a verdadeira força que impulsionava a crise nos dois países.

Do mesmo modo, houve muita celebração nas capitais ocidentais quando o Iraque finalmente livrou-se do primeiro-ministro Nouri al-Maliki, substituído por Haider al-Abadi. O novo governo foi visto como mais inclusivo com árabes sunitas e curdos do que no tempo de Maliki, mas ainda era dominado pelo partido Dawa – que tinha mais membros no gabinete do que antes – e por outras legendas religiosas xiitas. Abadi prometeu aos sunitas que não haveria mais bombardeios em áreas civis sunitas, mas, algumas semanas depois, Fallujah foi bombardeada por seis dias, com 28 civis mortos e 118 feridos, segundo o hospital local.

O grau da mudança política foi superestimado e não se deu suficiente atenção ao fato de Abadi não ter sido capaz, mesmo com os combatentes do ISIS a poucos quilômetros de Bagdá, de obter do Parlamento aprovação para suas escolhas nos cruciais ministérios da Defesa e do Interior. Reidar Visser, um especialista norueguês em assuntos do Iraque, classificou esse fracasso como "muito mais significativo do que a grande quantidade de encontros internacionais que estão agora ocorrendo, em nome da vitória sobre o ISIS no Iraque".

Um sintoma do estado real das coisas, àquela época, foi o desfecho de um cerco de uma semana ao redor da base do exército do Iraque em Saqlawiyah, vizinha a Fallujah, ao fim do qual o ISIS conquistou a posição, matando ou capturando a maior parte da guarnição que a defendia. Um oficial iraquiano que escapou teria dito que "dos estimados mil soldados que havia em Saqlawiyah, apenas 200 conseguiram fugir". O ISIS anunciou que tinha capturado ou destruído cinco tanques e 41 Humvees, ao liberar a área "da imundície dos safavidas". Soldados iraquianos sobreviventes queixaram-se de que, durante o cerco, não haviam recebido qualquer reforço de munição ou suprimentos, comida ou água, embora estivessem a apenas 60 quilômetros de Bagdá. Em outras palavras, três meses e meio depois da queda de Mosul e seis semanas depois do início das incursões aéreas norte-americanas, o exército iraquiano permanecia incapaz de suportar um ataque do ISIS ou executar uma operação militar elementar. Assim como em Mosul e Tikrit, o sucesso aparentemente napoleônico do ISIS era parcialmente explicado pela incapacidade do exército iraquiano.

Na Síria, os ataques aéreos igualmente levaram o ISIS a recuar para operações em estilo de guerrilha, ao lado de duas ofensivas que lançou na região norte contra enclaves curdos. Algumas unidades rebeldes em torno de Damasco, capital da Síria, que haviam antes dado a si próprias nomes islâmicos para atrair financiamento da Arábia Saudita e dos Estados do Golfo, oportunisticamente os trocaram para títulos de sentido secular, num esforço para atrair apoio norte-americano. O Frente al-Nusra, que foi atacado pelos norte-americanos, para sua própria surpresa, condenou as investidas aéreas e passou a propor uma ação comum com outros jihadistas contra "as Cruzadas". Assim como no Iraque, não seria fácil manipular os sunitas e os rebeldes contra o ISIS, agora que os Estados Unidos haviam passado a ser vistos como um aliado de *facto* de Assad, apesar das alegações contrárias.

Em junho, muitas pessoas em Bagdá haviam temido que o ISIS lançasse um ataque à capital, mas ele nunca veio. À medida que as atenções do mundo voltaram-se para um avião malásio derrubado sobre a Ucrânia, supostamente por rebeldes municiados pelos russos, e para os bombardeios israelenses em Gaza, que mataram dois mil palestinos, o ISIS consolidou sua posição na província iraquiana de Anbar, que, esmagadoramente sunita, espraia-se pelo oeste do Iraque. Na Síria, ele derrotou ou incorporou a suas fileiras outros grupos rebeldes e capturou diferentes bases, infringindo perdas graves e obtendo muito equipamento pesado. Foram as piores derrotas sofridas pelo governo de Damasco desde o início do levante.

O recém-declarado Califado expandia-se dia a dia. Ele agora abrangia uma área maior do que a Grã-Bretanha, habitada por cerca de seis milhões de pessoas – uma população maior do que a da Dinamarca, Finlândia ou Irlanda. Em poucas semanas de luta na Síria, o ISIS havia se estabelecido como a força dominante na oposição, expulsando a filial oficial da Al-Qaeda, Frente al-Nusra, da província de Deir Ezzor, rica em petróleo, e executando seu comandante local, que tentara fugir. No norte da Síria, cerca de cinco mil combatentes do ISIS usavam tanques e artilharia capturados do exército iraquiano, em Mosul, para sitiar meio milhão de curdos em seu enclave em Kobani, na fronteira com a Turquia. No centro da Síria, perto de Palmira, o ISIS combateu o exército oficial ao tomar o campo de gás de al-Shaer, um dos maiores do país, num ataque de surpresa, que deixou cerca de 300 soldados e civis mortos. Repetidos contra-ataques do governo finalmente permitiram a retomada do campo, mas o ISIS ainda controlava a maior parte da produção de petróleo e gás da Síria. A aviação norte-americana deveria concentrar-se em explodir as instalações petrolíferas controladas pelos ISIS, quando começou seus bombardeios. Contudo, um movimento que clama estar realizando a "vontade de Deus" e cultua o martírio não irá, por falta de dinheiro, deixar suas atividades ou sequer sofrer decepção moral grave.

O nascimento do novo Estado foi a mudança mais radical na geografia política do Oriente Médio desde o Acordo Sykes-Picot, implementado após fim da I Guerra

Mundial. Entretanto, no início, surpreendentemente, essa transformação explosiva provocou pouco alarme internacional, ou mesmo entre aqueles, no Iraque e na Síria, ainda não submetidos à lei do ISIS. Políticos e diplomatas tenderam a tratar o ISIS como se fosse um grupo beduíno de ataque, que aparece dramaticamente do deserto, obtém vitórias devastadoras e depois se retira para seus bastiões, deixando o ***status quo*** quase intacto. A rapidez extrema e o caráter imprevisível de sua ascensão levaram os governantes do Ocidente – e os locais – a esperarem que a queda do ISIS e a implosão do Califado pudessem ser igualmente súbitas e suaves. Como em qualquer grande desastre, o ânimo das pessoas alternou-se entre o pânico e um pensamento positivo particular, segundo o qual a calamidade não era tão ruim como se havia imaginado.

Em Bagdá, com uma população de sete milhões de habitantes, majoritariamente xiita, as pessoas sabiam o que esperar se as forças do ISIS, mortalmente antixiitas, capturassem a cidade, mas se encorajavam com o fato de nada ter acontecido ainda. "Estávamos apavorados pelo desastre militar no início, mas nós nos acostumamos a crises nos últimos 35 anos", disse uma mulher. Mesmo com o ISIS na porta, os políticos iraquianos continuaram brincando, enquanto mexiam-se lentamente para substituir o desacreditado primeiro-ministro Nouri al-Maliki.

"É realmente surreal", disse-me um ex-ministro iraquiano. "Quando você conversa com qualquer líder político em Bagdá, ele fala como se não tivesse acabado de perder metade do país". Voluntários foram mandados ao front após uma fatwa[3] do grande aiatolá Ali al-Sistani, o

3. Nota do Editor: pronunciamento no Islã feito por especialista em lei religiosa.

mais influente clérigo xiita do Iraque. Porém, em meados de julho, esses milicianos haviam retornado a suas casas, reclamando de que estavam semifamintos, e foram forçados a usar suas próprias armas e comprar sua munição. O único contra-ataque em larga escala lançado pelo exército regular e pela recém-surgida milícia xiita foi uma desastrosa incursão em Tikrit, em 15 de julho – emboscada e derrotada com perdas pesadas. Não há nenhum sinal de que a natureza disfuncional do exército iraquiano tenha mudado. "Eles usavam apenas um helicóptero no apoio às tropas em Tikrit", afirmou o ex-ministro, questionando: "Por isso, pergunto-me o que terá acontecido aos 140 helicópteros que o Estado iraquiano adquiriu recentemente". A resposta provável é que o dinheiro para as 139 aeronaves restantes tenha simplesmente sido roubado.

Diante desses desastres, a maioria dos xiitas confortou-se com duas ideias que, se verdadeiras, significariam que a situação presente era menos perigosa do que parecia. Argumentavam que os sunitas iraquianos haviam se levantado em revolta e que os lutadores do ISIS eram apenas as tropas de choque de vanguarda, num movimento provocado pelas políticas e ações antissunitas de Maliki. Uma vez que ele foi substituído – algo que parecia inevitável, consideradas as pressões do Irã, dos Estados Unidos e da hierarquia clerical xiita –, Bagdá proporia aos sunitas um novo acordo de partilha do poder, assegurando autonomia regional semelhante à oferecida aos curdos. Então, as tribos sunitas, os ex-comandantes militares e os baathistas (do partido secular Baath, que foi liderado por Saddam Houssein), que haviam permitido ao ISIS liderar a revolta sunita, iriam voltar-se contra o aliado feroz. Apesar dos inúmeros sinais contrários, os xiitas em todos os níveis acreditavam nesse mito reconfortante, segundo o qual o ISIS era fraco e poderia ser facilmente descartado pelos sunitas moderados, assim que estes alcançassem seus objetivos. Um xiita afirmou para mim: "Tenho dúvidas se o ISIS realmente existe".

Infelizmente, o ISIS não apenas existe, mas é uma organização eficiente e implacável, sem nenhuma intenção de esperar para que seus aliados sunitas o traiam. Em Mosul, ele exigiu que todos os combatentes da oposição jurassem obediência ao Califado ou entregassem suas armas. No final de junho e início de julho, os militantes detiveram ex-oficiais da época de Saddam Hussein, inclusive dois generais. Grupos que haviam exibido fotos de Saddam receberam ordens de retirá-las ou sofreriam as consequências. "Não parece provável", disse Aymenn al-Tamimi, um especialista em jihadistas, "que o restante da oposição militar sunita seja capaz de se voltar contra o ISIS com sucesso. Se o fizerem, terão de agir tão rapidamente quanto possível, antes que o grupo torne-se forte demais". Ele frisou que a ala supostamente mais moderada da oposição sunita nada havia feito para impedir que os remanescentes da antiga comunidade cristã de Mosul fossem forçados a fugir, depois que o ISIS lhes disse que deveriam converter-se ao Islã e pagar tributos especiais – ou seriam mortos. Membros de outras seitas e grupos étnicos, denunciados como xiitas ou politeístas, eram perseguidos, aprisionados ou assassinados. Parecia estar passando o momento em que uma oposição não ligada ao ISIS pudesse representar um desafio para o grupo.

Os xiitas iraquianos ofereceram uma segunda explicação para a forma como seu exército foi desintegrado: ele teria sido apunhalado pelas costas pelos curdos. Buscando transferir sua culpa, Maliki afirmou que Erbil, a capital curda, "é um quartel-general para o ISIS, baathistas, Al-Qaeda e terroristas". Muitos xiitas acreditam na explicação, que os faz sentir que suas forças de segurança (350 mil soldados e 650 mil policiais) fracassaram porque foram traídas, não porque não puderam lutar. Um iraquiano contou-me que participou de um iftar[4] "com 100 profissionais xiitas, principalmente médicos e engenheiros, e todos eles assumiram como certa a teoria da punhalada nas costas, para explicar o que deu errado". O confronto com os curdos foi importante porque tornou possível criar uma frente comum contra o ISIS. Ele mostrou como, mesmo quando desafiados por um inimigo comum, os líderes xiitas e curdos são incapazes de cooperar. O líder curdo, Massoud Barzani, teria aproveitado a luta do exército iraquiano para obter territórios – inclusive a cidade de Kirkuk, que tem sido disputada por curdos e árabes desde 2003. Barzani tem agora uma fronteira comum de mil quilômetros com o Califado e deveria ter sido um aliado óbvio para Bagdá, onde os curdos são parte do governo.

Ao tentar usar os curdos como bodes expiatórios, Maliki assegurou que os xiitas não teriam aliados no confronto com o ISIS, se este retomasse o ataque em direção a Bagdá. Os sunitas provavelmente não se satisfariam com a autonomia regional para as suas províncias e uma parcela maior das receitas do petróleo e dos empregos. Seu levante converteu-se numa completa contrarrevolução, que busca tomar o poder em todo o Iraque. Nos dias escaldantes do verão de julho, Bagdá tinha uma atmosfera de guerra farsesca, como Londres e Paris no final de 1939 ou início de 1940, por razões similares.

---

4. N. do T.; Refeição de quebra de jejum, no Ramadã, mês sagrado.

As pessoas haviam temido um ataque iminente à capital após a queda de Mosul, mas ele não havia ocorrido ainda, e os otimistas acreditavam que não aconteceria jamais. A vida era mais desconfortável do que costumava ser, com apenas quatro horas de eletricidade em alguns dias, mas ao menos a guerra não havia chegado ao coração da cidade. Fui jantar no Alwiyah Club, em Bagdá, e tive dificuldades para reservar uma mesa.

Os líderes xiitas do Iraque não haviam compreendido que sua dominação sobre o Estado iraquiano, alcançada pela derrubada de Saddam Hussein pelos norte-americanos, havia terminado. Acabou devido à sua própria incompetência e corrupção, e porque o levante sunita na Síria, em 2011, desestabilizou o balanço de forças entre as seitas no Iraque.

Na Síria, a vitória sunita liderada pelo ISIS no Iraque ameaçou romper o impasse militar. Antes disso, o presidente sírio, Bashar al-Assad, havia encurralado lentamente a oposição enfraquecida. Em Damasco e em sua periferia, nas montanhas de Qalamoun ao longo da fronteira com o Líbano e em Homs, as forças do governo haviam avançado lentamente e estavam próximas de cercar o grande enclave rebelde de Aleppo. Porém, as tropas de combate de Assad são notavelmente reduzidas. Precisam poupar-se de perdas pesadas e têm força para lutar em apenas uma frente de cada vez. A tática do governo é devastar um distrito controlado pelos rebeldes com fogo de artilharia e bombas disparadas de helicópteros, forçar a maior parte da população a fugir, isolar o que se converteu, então, num mar de ruínas e, ao fim, forçar os rebeldes à rendição. Contudo, a chegada de grande número de combatentes do ISIS, bem armados e reforçados por vitórias anteriores, impunha um novo e perigoso desafio para o regime sírio.

Uma teoria conspiratória muito difundida pelo resto da oposição síria e por diplomatas ocidentais, segundo a qual o ISIS e Assad estariam coligados, demonstrou-se falsa quando o grupo rebelde obteve vitórias no campo de batalha. Do mesmo modo, em Bagdá, a teoria conspiratória segundo a qual o ISIS e os curdos estariam coligados explodiu dramaticamente quando a facção lançou seu ataque surpresa contra as regiões curdas, derrotou a peshmerga em Sinjar e forçou os Yazidis a fugirem, ameaçando a capital Erbil e provocando a reentrada dos Estados Unidos na guerra do Iraque.

À medida que o ISIS tornou-se a maior força na oposição síria, colocou o Ocidente e seus aliados regionais – Arábia Saudita, Qatar, Emirados Árabes e Turquia – diante de um dilema: sua política oficial era livrar-se de Assad, mas o ISIS era agora a segunda maior força militar na Síria. Se o regime caísse, o grupo estaria em boa posição para preencher o vácuo. Como os líderes xiitas em Bagdá, os Estados Unidos e seus aliados responderam à emergência do ISIS mergulhando em fantasia. Fingiram que estavam impulsionando uma "terceira força" de rebeldes moderados sírios para combater tanto Assad quanto o ISIS, ao passo que, reservadamente, os diplomatas ocidentais admitiam que esse grupo na realidade não existia, exceto em bolsões sitiados. Aymenn al-Tamimi, especialista na expansão do jihadismo, confirmou que essa oposição apoiada pelo Ocidente "está ficando cada vez mais frágil". Ele acredita que abastecê-la com mais armas não fará muita diferença.

Quando seus ataques aéreos começaram, os norte-americanos passaram a informar o governo sírio sobre quando e onde eles ocorreriam, mas não fizeram o mesmo com os rebeldes "moderados" aos quais publicamente amparavam. Presumivelmente, calcularam que qualquer coisa que dissessem ao Exército Sírio Livre, a tênue articulação das unidades rebeldes "moderadas", chegaria em minutos aos ouvidos do ISIS e Frente al-Nusra.

~

O medo do ISIS cresceu em escala internacional após a queda de Mosul, mas apenas tornou-se profundo e penetrante quando o grupo cercou as forças curdas em Sinjar, no início de agosto, e pareceu posicionado para tomar a capital curda, Erbil. Houve um súbito reordenamento de alianças e prioridades nacionais. Como argumentado anteriormente, os patrocinadores do ISIS e de outros movimentos jihadistas no Iraque e na Síria haviam sido a Arábia Saudita, as monarquias do Golfo Pérsico e a Turquia. Isso não significa que os jihadistas não tivessem fortes raízes locais, mas sua ascensão foi crucialmente apoiada por poderes sunitas externos. A ajuda saudita e do Qatar foi principalmente financeira, em geral por meio de doações privadas. Richard Dearlove, ex-chefe da agência de inteligência britânica MI6, julga terem sido centrais na tomada das províncias sunitas no norte do Iraque: "Essas coisas não acontecem espontaneamente". Num discurso em Londres, em julho de 2014, ele disse que a política saudita diante dos jihadistas tem dois motivos contraditórios: medo de que operem na própria Arábia Saudita e desejo de usá-los contra os poderes xiitas no exterior. Ele disse que os sauditas são "profundamente atraídos por qualquer militância que possa efetivamente desafiar o xiitismo".

Seria improvável que a comunidade sunita no Iraque como um todo tivesse alinhado-se ao ISIS sem o apoio que a Arábia Saudita deu, direta ou indiretamente, para muitos movimentos sunitas. O mesmo ocorre na Síria, onde o príncipe Bandar bin Sultan, ex-embaixador saudita em Washington e chefe da inteligência saudita entre 2012 e fevereiro de 2014, fez tudo o que pôde para apoiar a oposição jihadista, até sua demissão. Temerosos do que ajudaram a criar, os sauditas passaram a atuar em outra direção, aprisionando voluntários jihadistas, ao invés de fazerem vistas grossas, quando eles dirigiam-se à Síria e Iraque. Mas pode ser tarde demais. Os jihadistas sauditas têm pouca consideração pela Casa de Saud. Em 23 de julho de 2014, o ISIS lançou um ataque contra uma das últimas fortalezas do exército sírio na província de Raqqa, ao norte. Começou com o ataque suicida de um carrobomba; o veículo era dirigido por um saudita de nome Khatab al-Najdi, que decorou as janelas do carro com fotos de três mulheres presas em cárceres sauditas, uma das quais era Hila al-Kasir, sua sobrinha.

O papel da Turquia tem sido diferente, mas não menos significativo do que o da Arábia Saudita na ajuda ao ISIS e a outros grupos jihadistas. Sua ação mais importante é manter aberta a fronteira de 900 quilômetros com a Síria. Isso deu ao ISIS, Al-Nusra e outros grupos de oposição uma base de retaguarda segura, de onde chegam homens e armas. Os pontos de passagem na fronteira foram os lugares mais disputados durante a "guerra civil dentro da guerra civil" dos rebeldes. A maior parte dos jihadistas estrangeiros atravessou a Turquia em seu caminho para a Síria e o Iraque. É difícil obter números precisos, mas o Ministério do Interior do Marrocos revelou recentemente que 1.122 jihadistas marroquinos penetraram na Síria, incluindo 900 que o fizeram em 2013, 200 dos quais foram mortos. A segurança iraquiana suspeita que a inteligência militar turca possa ter se envolvido pesadamente no apoio ao ISIS quando o grupo reconstituiu-se, em 2011. Relatos da fronteira turca dizem que o ISIS já não é bem-vindo, mas com as armas obtidas do exército iraquiano e a captura de campos de petróleo e gás sírio, a ajuda externa não é mais tão necessária.

Os curdos turcos e sírios acusaram ainda a Turquia de ser, secretamente, corpo e alma do ISIS, mas é provavelmente um exagero. Seria mais correto dizer que esse país soube ver o papel que o ISIS poderia desempenhar no enfraquecimento de Assad e dos curdos sírios. Quando o bombardeio da Síria começou, em setembro, os Estados Unidos jactaram-se de ter constituído uma coalizão de 40 nações. Esta, porém, além de frouxa, era pesada e seus membros tinham agendas muito distintas, o que paralisava uma ação comum.

Para os Estados Unidos, a Grã-Bretanha e as outras potências ocidentais, a ascensão do ISIS e o Califado são o desastre final. Quaisquer que fossem seus planos, na invasão do Iraque em 2003 e nos esforços para derrubar Assad na Síria desde 2011, eles não incluíam a criação de um Estado jihadista abrangendo o norte do Iraque e da Síria, dirigido por um movimento 100 vezes maior e muito melhor organizado do que a Al-Qaeda de Osama bin Laden. A guerra contra o terror, em nome da qual as liberdades civis foram golpeadas e centenas de bilhões de dólares gastos, fracassou miseravelmente. A crença de que o ISIS está interessado apenas em lutas “de muçulmanos contra muçulmanos” é apenas outro tipo de ilusão.

O grupo mostrou que combaterá qualquer um que não adira à sua variante violenta, puritana e fanática do Islã. O ISIS difere da Al-Qaeda pelo fato de ser uma organização militar bem dirigida, muito cuidadosa em escolher seus alvos e o momento preciso de atacá-los.

Muitos em Bagdá esperavam que os excessos do ISIS – por exemplo, explodir mesquitas que julgam ser santuários, como a de Younis (Jonah), em Mosul – fossem afastar os sunitas. Em longo prazo, à medida que o grupo imponha suas normas sociais e religiosas primitivas, isso pode ocorrer. Vale relatar um incidente, numa área dominada pelo ISIS, que ilustra o ânimo popular. A testemunha, uma mulher, relata:

> Exatamente nesta tarde, fui, com minha velha mãe, fazer compras e buscar remédios em meu carro, com roupas finas, que mostravam apenas meus olhos. O que posso fazer? Na semana passada, uma mulher estava diante de um quiosque e descobriu o rosto para beber uma garrafa de água. Um deles [ISIS] aproximou-se dela e a golpeou na cabeça com um bastão. Não percebeu que o marido estava ao lado. Ele espancou o agressor, que saiu correndo atirando aleatoriamente para o céu, enquanto as pessoas, em simpatia, tentavam alcançá-lo para agredi-lo. Esta é apenas uma história da brutalidade em que estamos vivendo.

Numa terra de compulsivos tabagistas, as fogueiras de cigarros organizadas pelo ISIS não são populares, mas se opor ao grupo é muito perigoso. Ademais, apesar de sua brutalidade, ele garantiu uma vitória para uma comunidade sunita perseguida e esmagada. Mesmo os sunitas de Mosul, que não gostam do grupo, temem a volta de um governo iraquiano vingativo e dominado pelos xiitas. Até agora, a resposta militar de Bagdá à sua derrota foi bombardear Mosul e Tikrit aleatoriamente, o que deixou clara, para os moradores, a indiferença diante de seu bem-estar ou sobrevivência. O medo não vai se alterar, mesmo com a substituição de Maliki por um primeiro-ministro mais conciliatório. Um sunita em Mosul, escrevendo logo depois que um míssil disparado por forças governamentais explodiu na cidade, disse-me: "As forças de Maliki já demoliram a Universidade de Tikrit. Ela foi reduzida a destroços e pedras, como toda a cidade. Se Maliki puser as mãos sobre nós, em Mosul, ele irá matar a população ou transformá-la numa horda de refugiados. Reze por nós". Tais visões são comuns e tornam menos provável que a população sunita levante-se contra o ISIS ou o Califado. Um novo e terrível Estado surgiu – e ele não desaparecerá facilmente.

IV.

A MARCHA DOS JIHADISTAS

Um vídeo postado na primavera iraquiana de 2014, pelo Estado Islâmico do Iraque, antes denominado Al-Qaeda no Iraque, mostra jihadistas estrangeiros, provavelmente em algum lugar da Síria, queimando seus passaportes para demonstrar um compromisso permanente com a jihad. O filme, feito profissionalmente, é revelador para quem imagina que a guerra em curso na Síria pode ser contida. Ele mostra, ao contrário, como o conflito na grande faixa de território entre o rio Tigre e a costa do Mediterrâneo já começou a convulsionar toda a região.

A capa dos passaportes sugere que a maior parte é saudita (verde-grama) ou jordaniano (azul escuro), embora muitas outras nacionalidades estejam representadas no grupo. À medida que rasga seu passaporte e o atira às chamas, cada homem faz uma declaração de fé, uma promessa de lutar contra o governante de seu país de origem. Um canadense faz um curto discurso em inglês, antes de mudar para árabe, dizendo: "[Esta] é uma mensagem aos poderes do Canadá e da América. Estamos chegando, e vamos destruí-los". Um saudita, um egípcio e um tchetcheno fazem ameaças similares, sublinhando a intenção declarada dos jihadistas de atuar em qualquer parte do mundo. O que torna as ameaças particularmente alarmantes é o fato de o território controlado pelo ISIS ser imensamente maior do que o alcançado antes por qualquer grupo ligado à Al-Qaeda.

Se olhar o mapa do Oriente Médio, você verá que organizações do tipo Al-Qaeda tornaram-se uma força poderosa e letal num território que se estende da província de Diyala, a nordeste de Bagdá, à província de Lataka, na costa síria do Mediterrâneo. Todo o vale do Eufrates, no oeste do Iraque e leste da Síria, até a fronteira com a Turquia, está hoje sob domínio do ISIS ou da Frente al-Nusra, representante oficial do que funcionários norte-americanos chamam de "coração" da Al-Qaeda no Paquistão. Grupos do tipo Al-Qaeda no oeste e norte do Iraque e no norte e leste da Síria agora controlam um território do tamanho da Grã-Bretanha, e a área em que organizam operações é muito mais extensa.

A fronteira entre a Síria e o Iraque deixou, em grande parte, de existir. Vale a pena examinar separadamente a situação nos dois países. No Iraque, quase todas as áreas sunitas, aproximadamente um quarto do seu território, estão inteira ou parcialmente sob controle do ISIS. Antes de capturar Mosul e Tikrit, o grupo mobilizava seis mil combatentes, mas o número multiplicou-se muitas vezes depois de a facção ganhar prestígio e capacidade de apelo entre jovens sunitas, logo após suas vitórias espetaculares. Seu próprio nome – Estado Islâmico do Iraque e do Levante - expressa sua intenção: construir um Estado islâmico no Iraque e no "al-Sham", ou Grande Síria. Não planeja partilhar o poder com ninguém. Dirigido desde 2010 por Abu Bakr al-Baghdadi, também conhecido como Abu Dua, provou-se mais violento e sectário do que o "coração" da Al-Qaeda, dirigido por Ayman al-Zawahiri, baseado no Paquistão.

Abu Bakr al-Baghdadi começou a surgir das sombras no verão de 2010, quando se tornou líder da Al-Qaeda no Iraque, depois que seus antecessores foram mortos num ataque conduzido por tropas desse país e dos Estados Unidos. A Al-Qaeda no Iraque andava mal das pernas, já que a rebelião sunita, em que havia antes desempenhando um papel de liderança, estava sucumbindo. Foi reavivada pela revolta dos sunitas na Síria, em 2011, e, nos três anos seguintes, por uma série de campanhas cuidadosamente planejadas, tanto nesse país quanto no Iraque. Não se sabe até que ponto al-Baghdadi foi diretamente responsável pela estratégia militar e táticas da Al-Qaeda no Iraque e, posteriormente, do ISIS. Ex-funcionários graduados do exército e inteligência iraquianos, à época de Saddam Hussein, desempenharam um papel central, mas estão sob a liderança geral de al-Baghdadi.

Detalhes da carreira de al-Baghdadi variam segundo a fonte – ou o próprio ISIS, ou a inteligência norte-americana ou iraquiana. Porém, o quadro geral é bastante claro. Ele nasceu em Samarra, uma cidade majoritariamente sunita ao norte de Bagdá, em 1971. Teve boa educação, com graduação em Estudos Islâmicos (incluindo Poesia, História e Genealogia), na Universidade de Bagdá. Uma foto de al-Baghdadi, feita quando era prisioneiro dos norte-americanos em Bocca Camp, sul do Iraque, mostra um iraquiano normal na faixa dos 25 anos, com cabelos pretos e olhos castanhos.

Acredita-se que seu nome real seja Awwad Ibrahim Ali al-Badri al-Samarrai. Ele pode ter sido um militante islâmico sob Saddam, como pregador na província de Diyala, ao norte de Bagdá, onde, depois da invasão norte-americana de 2003, constituiu seu próprio grupo armado. Movimentos insurgentes têm motivos fortes para fornecer informação desencontrada sobre sua estrutura de comando e liderança, mas parece que al-Baghdadi passou cinco anos, entre 2005 e 2009, prisioneiro dos norte-americanos.

Depois que passou a dirigir a Al-Qaeda no Iraque, o grupo tornou-se cada vez melhor organizado, emitindo inclusive relatórios anuais sobre suas operações em cada província iraquiana. Por saber do destino de seus predecessores na liderança da Al-Qaeda no Iraque, al-Baghdadi existiu em extremo sigilo. Poucas pessoas sabiam quem ele era. Os prisioneiros da Al-Qaeda no Iraque dizem que nunca o encontraram ou que, quando o fizeram, ele usava uma máscara.

Tirando proveito da guerra civil síria, al-Baghdadi enviou combatentes e fundos ao país, para organizar a Frente al-Nusra, filiado à Al-Qaeda. Ele separou-se do grupo em 2013, mas manteve controle de uma larga faixa de território no norte da Síria e Iraque. Contra uma oposição fragmentada e disfuncional, al-Baghdadi moveu-se rapidamente para se estabelecer como um líder efetivo, ainda que esquivo. A rápida ascensão do ISIS, depois que ele assumiu a liderança, foi em grande medida auxiliada pelo levante sunita em 2011, na Síria. O movimento encorajou os seis milhões de sunitas no Iraque a agir contra a marginalização política e econômica que sofriam desde a queda de Saddam Hussein.

O ISIS lançou uma campanha bem planejada em 2013, que incluiu um assalto exitoso à prisão de Abu Ghraib, no verão iraquiano daquele ano, para libertar seus líderes e outros combatentes experientes. A sofisticação militar do ISIS é muito maior do que a que tinha (mesmo em seu auge, em 2006 e 2007) a organização tipo Al-Qaeda da qual o grupo emergiu.

O ISIS tem a enorme vantagem de ser capaz de operar em ambos os lados da fronteira sírio-iraquiana. Embora na Síria esteja engajado numa guerra civil interjihadista contra a Frente al-Nusra, o Ahrar al-Sham e outras facções, ele ainda controla Raqqa e boa parte do leste, exceto os enclaves mantidos pelos curdos, próximos à fronteira turca. Jessica D. Lewis, do Instituto de Estudos da Guerra, descreveu-o, num ensaio sobre o movimento jihadista no final de 2013, como "uma organização extremamente vigorosa, resiliente e capaz, que pode operar de Basra à costa síria". Embora o poder crescente do ISIS fosse óbvio para quem acompanhasse os fatos, o significado do que estava ocorrendo foi percebido por poucos governos estrangeiros, mesmo após o vasto choque que se seguiu à queda de Mosul.

Ao expandir sua influência no Iraque, o ISIS foi capaz de capitalizar dois fatores: a revolta sunita na vizinha Síria e a marginalização dos sunitas por um governo liderado pelos xiitas, em Bagdá. Os protestos sunitas, que começaram em dezembro de 2012, foram inicialmente pacíficos, mas a falta de concessões por parte do primeiro-ministro Nouri al-Maliki, somada a um massacre no acampamento de paz de Hawijah, em abril de 2013, que foi devastado pelo exército iraquiano e terminou com a morte de mais de 50 manifestantes, converteu um protesto pacífico numa resistência armada. Nas eleições parlamentares de abril de 2014, Maliki apresentou a si mesmo, em primeiro lugar, como o líder dos xiitas que iria enfrentar uma contrarrevolução sunita com base na província de Anbar. Depois da queda de Mosul, o primeiro-ministro foi culpado por se recusar a fazer reformas que teriam neutralizado o apelo do ISIS, mas ele não foi o único líder xiita a acreditar que os sunitas nunca aceitariam a perda de sua antiga posição de comando.

A hostilidade geral dos sunitas a Maliki, como promotor do sectarismo, havia permitido ao ISIS aliar-se com sete ou oito grupos militantes sunitas, com quem antes travava combate. Maliki não deve ser culpado por tudo o que ocorreu de ruim no Iraque, mas teve um papel decisivo ao empurrar a comunidade sunita às armas do ISIS – algo que talvez, algum dia, lamente. Paradoxalmente, embora tenha se saído bem nas eleições parlamentares de abril de 2014, ao amedrontar os eleitores xiitas com o fantasma de uma contrarrevolução sunita, ele agiu como se isso fosse apenas um truque eleitoral e pareceu não perceber quão próximos os sunitas estavam de uma insurreição real, na qual o ISIS serviu como tropa de choque.

Em sua queda, ele ignorou alguns sinais de alerta claríssimos. No início de 2014, o ISIS havia tomado Fallujah, apenas 65 quilômetros a oeste de Bagdá, assim como vasto território em Anbar, a enorme província que compreende muito da região oeste do país. Em março, atiradores do grupo desfilaram pelas ruas de Fallujah para exibir sua recente captura de veículos norte-americanos blindados Humvees, antes pertencentes ao exército iraquiano. Foi uma humilhação final para os norte-americanos que a bandeira negra da Al-Qaeda tremulasse de novo numa cidade que havia sido capturada pelos marines em 2004, após uma dura vitória, acompanhada por muita retórica autocongratulatória. O ISIS controla agora não apenas a cidade, mas a represa de Fallujah, o que lhe permite regular o fluxo do Eufrates, podendo inundar ou secar as cidades ao sul. Incapaz de desalojá-los pela força, o governo de Bagdá desviou a água do rio para um velho canal fora do controle dos combatentes, o que evitou uma crise imediata. No entanto, a luta em Anbar mostrou como o balanço de poderes mudou em favor do ISIS. O exército iraquiano, com cinco divisões estacionadas na província, sofreu uma derrota devastadora, perdendo cinco mil homens, mortos ou feridos, e mais 12 mil que desertaram.

Mais ao norte, em junho de 2014, o ISIS, somando forças com grupos sunitas locais, assumiu o controle de Mosul (a segunda maior cidade do Iraque, com uma população de mais de um milhão de habitantes), expulsando rapidamente o exército da cidade. Contudo, como frisou um iraquiano, em muitos aspectos "Mosul já não estava sob autoridade governamental havia muito tempo". Antes da tomada, o ISIS já cobrava impostos de todo mundo, de vendedores de verduras no mercado a empresas de telefones celulares e de construção. Segundo uma estimativa, sua renda apenas com essa cobrança era de oito milhões de dólares ao mês. O mesmo tipo de "tributação" ocorria em Tikrit, ao norte de Bagdá, onde um amigo relatou que as pessoas não comiam em nenhum restaurante que não estivesse em dia com os pagamentos ao ISIS, por medo de que o local fosse atingido por uma bomba durante o jantar.

Olhando agora para a Síria: hoje, a oposição armada ao governo Assad é dominada por jihadistas que desejam estabelecer um Estado islâmico. Aceitam combatentes estrangeiros e têm uma história sinistra de massacres contra minorias sírias, especialmente alawitas e cristãos. Com exceção das áreas controladas pelos curdos, todo o leste do país, inclusive muitos dos campos de petróleo, estão agora sob controle dos jihadistas. O governo conserva alguns poucos postos, nessa vasta área, mas não tem forças para recapturá-la.

Diferentes grupos jihadistas competem uns com os outros na região e, desde o início de 2014, engajaram-se num combate mortífero. Em 2012, o ISIS fundou a Frente al-Nusra, captando uma oportunidade em meio à escalada rápida da guerra civil na Síria e temendo que sua própria luta fosse marginalizada. Enviou ao novo grupo dinheiro, armas e combatentes experimentados. Um ano atrás, tentou reafirmar sua autoridade sobre o grupo incipiente, que havia se tornado independente demais, aos olhos dos líderes do ISIS, buscando enquadrá-lo numa organização maior, abrangendo Síria e Iraque. A Frente al-Nusra resistiu a esse esforço e os dois grupos envolveram-se numa complicada guerra civil interjihadista. A Frente Islâmica, poderosa aliança de brigadas de oposição estabelecida há pouco, apoiada pela Turquia e o Qatar, também está combatendo o ISIS, embora compartilhe seus objetivos de estrita imposição da sharia. No tocante a temas sociais e religiosos, o ISIS e a Frente al-Nusra não apresentam divergências marcantes, ainda que a segunda tenha reputação de ser menos rígida. No entanto, foram lutadores da Frente al-Nusra em Deir Ezzor, na região do Eufrates, no leste da Síria, que invadiram uma festa de casamento numa casa particular, espancando e prendendo mulheres que ouviam música alta e não usavam vestes islâmicas.

Apesar desse conflito, os grupos não jihadistas são hoje periféricos na oposição síria. Em particular o Exército Livre Sírio (FSA), cujo braço político já foi designado pelo ocidente como futuro ocupante do poder no país, está marginalizado. O ISIS controla a província de Aleppo, a leste, enquanto boa parte da recente luta nessa cidade foi liderada pela Frente al-Nusra e o Ahrar al-Sham, outro movimento tipo Al-Qaeda. Um recente ataque ao território controlado pelo governo sírio em Latakia, na costa do Mediterrâneo, teve como pontas de lança jihadistas marroquinos e tchetchenos. Ao mesmo tempo, combatentes da Frente al-Nusra controlam alguns dos subúrbios de Damasco e um conjunto de vilas e cidades que se estende até a fronteira turca. A luta entre o ISIS e outros jihadistas é na verdade uma disputa por espólios, mais um reflexo de quão fortes eles são do que um sinal de diferenças em relação a seus objetivos de longo prazo.

Esse aumento nítido na força e alcance das organizações jihadistas na Síria e Iraque não havia sido, em geral, destacado até há pouco por políticos e mídia no Ocidente. A razão principal para isso é que os governos e suas forças de segurança definem de modo muito estrito a ameaça jihadista – para eles, restrita às forças diretamente controladas pelo centro ou "coração" da Al-Qaeda. Isso lhes permite apresentar, em relação a seu suposto sucesso na chamada "Guerra ao Terror", um retrato muito mais otimista do que a situação real permitiria. Na verdade, a ideia de que os únicos jihadistas com os quais se preocupar são aqueles que têm as bênçãos oficiais da Al-Qaeda é ingênua e autoenganadora. Ignora, por exemplo, o fato de que o ISIS foi criticado pelo líder da Al-Qaeda, Ayman al-Zawahiri, por violência e sectarismo excessivos. Depois de conversar recentemente com um leque de jihadistas sírios não diretamente ligados à Al-Qaeda, no sul da Turquia, uma fonte disse-me que "todos eles, sem exceção, expressaram júbilo pelos ataques de 11 de Setembro e desejo de que algo semelhante possa acontecer na Europa".

Grupos jihadistas ideologicamente próximos à Al-Qaeda foram rotulados como "moderados" e suas ações são vistas como coerentes com os objetivos políticos dos Estados Unidos. Na Síria, os norte-americanos apoiaram um plano da Arábia Saudita para abrir uma "frente sul", baseada na Jordânia, que seria hostil ao governo de Assad e, ao mesmo tempo, aos rebeldes tipo Al-Qaeda no norte e leste. Esperava-se que a poderosa, mas supostamente moderada Brigada Yarmouk, que receberia mísseis antiaéreos da Arábia Saudita, fosse o elemento de liderança nessa nova formação. Porém, diversos vídeos mostram que a Brigada Yarmouk lutou frequentemente em colaboração com a Frente al-Nusra, a filiada oficial da Al-Qaeda. Como era provável que, em meio à batalha, esses dois grupos trocassem munições, Washington estava efetivamente permitindo que armamento avançado fosse entregue a seu inimigo mais mortal. Autoridades do Iraque confirmam ter capturado, do ISIS, armas sofisticadas, originalmente fornecidas por potências externas a forças consideradas anti-Al-Qaeda na Síria.

O nome Al-Qaeda foi sempre empregado de modo flexível para identificar um inimigo. Em 2003 e 2004, no Iraque, enquanto crescia a oposição armada à ocupação pelos Estados Unidos e Grã-Bretanha, a maior parte dos oficiais norte-americanos atribuía os ataques à Al-Qaeda, embora muitos fossem executados por grupos nacionalistas e baathistas. Esse tipo de propaganda ajudou a persuadir quase 60% dos eleitores norte-americanos, antes da invasão, de que havia uma conexão entre Saddam Hussein e os responsáveis pelo 11 de Setembro, ainda que não existisse evidência alguma em favor da hipótese. No próprio Iraque e em todo o mundo muçulmano, essas acusações beneficiaram a Al-Qaeda, ao exagerar seu papel na resistência contra a ocupação norte-americana e britânica.

Táticas de relações públicas diametralmente opostas foram empregadas pelos governos ocidentais em 2011, na Líbia, quando foi descartada qualquer similaridade ente a Al-Qaeda e os rebeldes apoiados pela OTAN, que lutavam para derrubar o líder líbio, Muammar Gaddafi. Apenas os jihadistas que tinham um link operacional direto com o "coração" da Al-Qaeda sob Bin Laden foram considerados perigosos. A falsidade da alegação segundo a qual os jihadistas contrários a Gaddafi na Líbia eram menos ameaçadores do que aqueles em contato direto com a Al-Qaeda teve de ser exposta, ainda que de maneira trágica, quando o embaixador norte-americano Chris Stevens foi morto por combatentes jihadistas em Benghazi, em setembro de 2012. Eram os mesmos "guerreiros" elogiados pelos governos e mídia ocidentais por seu papel no levante contra Gaddafi.

A Al-Qaeda é, há muito tempo, uma ideia, muito mais do que uma organização. Por cinco anos, a partir de 1996, ela teve de fato quadros, recursos e acampamentos no Afeganistão, mas tudo isso foi eliminado após a derrubada do Talibã, em 2001. Em seguida, o nome Al-Qaeda converteu-se principalmente num chamado à ação, num conjunto de crenças e costumes islâmicos centrado na criação de um Estado islâmico, na imposição da sharia, na submissão das mulheres e numa guerra sagrada contra outros muçulmanos, em especial os xiitas, considerados hereges que merecem a morte. No centro dessa doutrina de guerra está uma ênfase no autossacrifício e no martírio, como símbolos de fé e compromisso religiosos. Isso resultou na mobilização de homens-bombas, destreinados, mas fanatizados, com efeitos devastadores.

Sempre foi do interesse dos Estados Unidos e de outros governos apresentar a Al-Qaeda como uma organização com uma estrutura de comando e controle como um mini-pentágono ou como a máfia norte-americana. É uma imagem reconfortante para o público, já que grupos organizados, ainda que demoníacos, podem ser rastreados e eliminados por meio do encarceramento ou morte. Muito mais alarmante é a realidade de um movimento cujos aderentes são autorrecrutados e podem despontar em qualquer parte.

O grupo de militantes de Osama bin Laden, que ele não chamava de Al-Qaeda até o 11 de Setembro, era apenas um, dentre muitas facções jihadistas, há 12 anos. Hoje, porém, suas ideias e métodos são predominantes entre os jihadistas, devido ao prestígio e publicidade que obtiveram por meio da destruição das Torres Gêmeas, da guerra no Iraque e da demonização por Washington, como a fonte de todo o mal anti-americano. Atualmente, as diferenças entre as crenças dos jihadistas estão se estreitando, independentemente de serem ou não ligados ao núcleo da Al-Qaeda.

Não é surpreendente que os governos prefiram uma visão de fantasia da Al-Qaeda. Ela lhes permite cantar vitórias quando são capazes de eliminar os membros e aliados mais famosos da rede terrorista. Frequentemente, tratam-se essas pessoas eliminadas como se tivessem patentes quase militares, como "comandantes de operações", para sublinhar o significado de tirá-las de combate. O cúmulo desse aspecto altamente publicizado, mas quase irrelevante, da "Guerra ao Terror" foi o assassinato de Bin Laden, em Abbottabad, Paquistão, em 2011. O fato permitiu ao presidente Obama aparecer diante do público norte-americano como o homem que presidiu a caça ao líder da Al-Qaeda. Em termos práticos, no entanto, sua morte teve pequeno impacto sobre os grupos jihadistas do tipo Al-Qaeda, cuja maior expansão ocorreu depois.

As decisões centrais que permitiram à Al-Qaeda sobreviver e, em seguida, expandir-se, foram tomadas nas horas que se sucederam ao 11 de Setembro. Quase todos os elementos significativos no plano de explodir aviões nas Torres Gêmeas e em outras edificações icônicas para os Estados Unidos conduziam à Arábia Saudita. Bin Laden era membro da elite saudita e seu pai fora um aliado próximo da família real saudita. Citando um relatório da CIA de 2002, o documento oficial sobre o 11 de Setembro conta que a Al-Qaeda dependia, para seu financiamento, de "diversos doadores e captadores de recursos, em especial nos países do Golfo e particularmente na Arábia Saudita". Os investigadores encarregados do relatório tiveram sua ação repetidamente limitada, quando buscaram informações na Arábia Saudita. Entretanto, o presidente George W. Bush aparentemente nunca sequer considerou apontar os sauditas como responsáveis pelo ocorrido. A saída de líderes sauditas, inclusive parentes de Bin Laden, dos Estados Unidos foi facilitada pelo governo norte-americano nos dias que se sucederam ao 11 de Setembro. Ainda mais significativo: em nome da "segurança nacional", 28 páginas do relatório da comissão encarregada de investigar os acontecimentos, dedicadas às relações entre os terroristas e a Arábia Saudita, foram suprimidas e nunca publicadas, apesar das promessas do presidente Obama em sentido contrário.

Em 2009, oito anos após o 11 de Setembro, um despacho da secretária de Estado norte-americana, Hillary Clinton, revelado pelo Wikileaks, queixava-se de que doadores sauditas constituíam a fonte mais significativa no financiamento de grupos de terror sunitas em todo o mundo. Contudo, a despeito dessa admissão privada, os Estados Unidos e a Europa Ocidental permaneceram indiferentes aos pregadores sauditas, cuja mensagem, difundida a milhões por satélite, TV, YouTube e Twitter, pedia o assassinato de xiitas como heréticos. Tais apelos foram feitos quando as bombas da Al-Qaeda estavam dizimando pessoas nos bairros xiitas no Iraque. Um subtítulo em outro despacho do Departamento de Estado, no mesmo ano, pergunta: "Arábia Saudita – antixiitismo como Política Externa?". Agora, cinco anos mais tarde, grupos apoiados pelos sauditas acumularam um histórico de sectarismo extremo contra muçulmanos não sunitas.

O Paquistão ou, melhor dizendo, a inteligência militar paquistanesa, na forma do Inter-Services Intelligence, foi o outro pai da Al-Qaeda, do Talibã e dos movimentos jihadistas em geral. Quando o Talibã estava se desintegrando sob o peso dos bombardeios norte-americanos em 2001, suas forças no norte do Afeganistão foram emboscadas por tropas contrárias a ele. Antes de se renderem, centenas de membros do Inter-Services Intelligence, instrutores e conselheiros militares foram apressadamente evacuados por ar. Apesar das evidências mais claras sobre o patrocínio do Inter-Services Intelligence ao Talibã e aos jihadistas em geral, Washington recusou-se a enfrentar o Paquistão. Assim, abriu caminho para o ressurgimento do Talibã após 2003 – o que nem os Estados Unidos nem a OTAN foram capazes de reverter.

A "Guerra ao Terror" fracassou porque não visou o movimento jihadista como um todo e, acima de tudo, não focou na Arábia Saudita e Paquistão, os dois países que impulsionaram o jihadismo como um credo e um movimento. Os Estados Unidos não o fizeram porque esses países eram importantes aliados, que não deveriam ser ofendidos. A Arábia Saudita era um mercado enorme para as armas norte-americanas e cultivou, até o ponto de comprar, membros influentes do ***establishment*** político norte-americano. O Paquistão é uma potência nuclear com população de 180 milhões de habitantes e laços militares estreitos com o Pentágono.

O ressurgimento espetacular da Al-Qaeda e seus semelhantes ocorreu apesar da imensa expansão do orçamento dos serviços de inteligência norte-americanos e britânicos, após o 11 de Setembro. Desde então, os Estados Unidos, seguidos de perto pela Grã-Bretanha, travaram guerras no Afeganistão e no Iraque e adotaram procedimentos normalmente associados a Estados policiais - como encarceramento sem julgamento, detenção, tortura e espionagem doméstica. Os governos conduzem a "Guerra ao Terror" alegando que os direitos dos cidadãos precisam ser sacrificados para assegurar a segurança de todos. Apesar dessas medidas de segurança controversas, os grupos contra os quais elas se dirigem não foram derrotados - ao contrário, fortaleceram-se. No tempo do 11 de Setembro, a Al-Qaeda era uma organização pequena e em geral ineficaz. Em 2014, havia muitos grupos poderosos do tipo Al-Qaeda. Em outras palavras, a "Guerra ao Terror", que moldou muito da paisagem política desde 2001, claramente fracassou, mas, até a queda de Mosul, ninguém havia prestado muita atenção.

V.

O RESSURGIMENTO SUNITA NO IRAQUE

No Iraque, os fatos não são sempre o que parecem. Dois acontecimentos recentes ilustram a diferença entre aparência e realidade. O primeiro está relacionado à recaptura de Fallujah, em janeiro de 2014, pelo ISIS, apoiado por milícias tribais. Foi um grande choque para o governo iraquiano. Fallujah fica apenas 65 quilômetros a oeste de Bagdá. É um famoso bastião sunita e uma porta de entrada para a capital. Logo depois do ISIS retomar a cidade e posicionar entre 300 e 500 homens fortemente armados em sua periferia, apoiadores do governo difundiram um vídeo reconfortante no Twitter e Facebook. Incluía alguma narrativa em árabe iraquiano, foi filmado a partir do ar e mostrava os insurgentes sendo alvejados e eliminados por mísseis. Era algo para elevar a moral dos apoiadores do governo. Infelizmente, para eles, poucas horas após o início da circulação do vídeo, alguém percebeu que ele havia sido filmado no Afeganistão e era, na verdade, o registro de um avião norte-americano disparando contra combatentes do Talibã. É altamente duvidoso que a força aérea iraquiana seja capaz de executar ataques de tal precisão. Mais tarde, ela limitou-se a despejar bombas em Fallujah. O fracasso, por seis meses, na tentativa de retomar a cidade e a necessidade de inventar vitórias simbólicas para o exército iraquiano mostraram a fraqueza das forças de segurança do país, que têm um milhão de homens – 350 mil soldados e

650 mil policiais. Isso seria revelado de modo ainda mais chocante quando o ISIS varreu as marcas da autoridade governamental de todo o norte do país, em junho de 2014.

Tais enganos não ocorrem apenas do lado do governo. Um ano antes, em dezembro de 2012, a prisão dos guarda-costas do ministro das Finanças, Rafi al-Issawi, um sunita moderado, pelo governo, levou a protestos numerosos, porém pacíficos, nas províncias sunitas do norte e centro do país. Os árabes sunitas são cerca de um quinto da população iraquiana, de 33 milhões. No início, os manifestantes foram bem comportados, reivindicando o fim da discriminação política, civil e econômica contra a comunidade sunita. Entretanto, logo perceberam que o primeiro-ministro Nouri al-Maliki oferecia apenas mudanças cosméticas. Muitos deixaram de participar das manifestações semanais.

Na cidade sunita de Tikrit, capital da província de Salah Ad-Din, 10 mil pessoas participavam no início das ações, mas o número caiu para apenas mil. Um observador local relatou: "Decidiu-se que todas as mesquitas devem ser fechadas às sextas-feiras, exceto uma, o que forçará todos os fiéis a se dirigirem para o mesmo lugar, nas orações deste dia. Câmeras filmaram orgulhosamente e fotografaram a multidão, para sugerir que eram todos manifestantes. As imagens foram difundidas no Golfo Pérsico, onde os patrocinadores das manifestações enganaram-se (ou talvez não...), pensando que os protestos ainda atraíam grande número de participantes". Essa testemunha de Tikrit sugere cinicamente que o dinheiro supostamente despendido em alimentar e transportar manifestantes fictícios foi embolsado pelos líderes dos protestos. A mensagem não era de que os sunitas estavam menos irados do que antes, mas de que os protestos pacíficos estavam se convertendo em resistência armada.

Essas duas histórias ilustram uma importante verdade política no Iraque contemporâneo: nem o governo, nem qualquer outro dos movimentos políticos institucionais são tão fortes quanto fingem ser. O poder está dividido, e as divisões ajudaram o ISIS a emergir muito mais forte e rapidamente no Iraque do que qualquer observador esperaria.

Embora o ISIS tenha ganhado impulso e notoriedade antes de junho de 2014, sua vitória em Mosul surgiu como uma grande surpresa – inclusive para o próprio ISIS. "Inimigos e apoiadores estão boquiabertos", disse o porta-voz do grupo, Abu Mohammed al-Adnani. É difícil lembrar de outros exemplos na história em que forças de um milhão de homens e 15 divisões desmoronaram tão rapidamente após ataque de um grupo inimigo, com contingente estimado em seis mil pessoas. Para tornar isso possível, foi decisivo o fato de que a população sunita como um todo, ao sentir que o fim de sua opressão era possível, ofereceu ao menos apoio tácito.

A falta de moral e disciplina do exército iraquiano foi, evidentemente, outro fator crucial. Indagado sobre a causa da derrota militar, um general iraquiano recentemente passado à reserva foi enfático: "Corrupção! Corrupção! Corrupção!". Começou, segundo ele, quando os norte-americanos recomendaram ao exército terceirizar o fornecimento de comida e outros suprimentos, por volta de 2005. Um comandante de batalhão era pago por unidade de 600 soldados, mas tinha apenas 200 em armas: embolsava a diferença, o que significava lucros enormes.

O exército tornou-se uma máquina de fazer dinheiro para oficiais graduados e, frequentemente, um instrumento de extorsão para soldados ordinários que atuavam nos postos de controle. No cúmulo disso tudo, oficiais sunitas bem treinados foram marginalizados. "O Iraque não tem um exército nacional de fato", concluiu o general.

A corrupção nos quadros militares ocorria em todos os níveis. Um general poderia tornar-se comandante de divisão ao custo de dois milhões de dólares. Teria, então, de recuperar o investimento, obtendo comissões nos postos de controle em estradas, cobrando cada veículo comercial que passasse. Um empresário iraquiano contou-me, há alguns anos, que havia parado de importar bens através do porto de Basra, porque as somas de dinheiro que tinha de gastar em propinas para oficiais e soldados, em cada etapa de movimentação das cargas, das docas até Bagdá, acabavam com o lucro do negócio. Outro amigo em Bagdá (lamento que qualquer relato sobre o Iraque esteja repleto de fontes que desejam permanecer anônimas) disse-me: "Sob Saddam Hussein, os soldados frequentemente queriam desertar, pois eram muito mal pagos, mas sabiam que seriam mortos se o fizessem. Por isso, era melhor morrer na batalha. O exército atual nunca foi uma força nacional. Seus soldados estão interessados apenas em seus salários e não temem mais o que ocorrerá se forem embora".

Os iraquianos não são ingênuos. As experiências amargas com seus governantes, nos últimos 50 anos, levaram-nos a enxergar na elite um grupo ganancioso, brutal e incompetente. Há 10 anos, algumas pessoas tinham esperança de poder escapar vivendo sob estado de emergência permanente, quando os Estados Unidos e a Grã-Bretanha preparavam-se para derrubar Saddam Hussein. Outros temiam os iraquianos que voltavam do exterior prometendo construir uma nova nação.

Alguns meses antes da invasão e ocupação de 2003, um servidor público civil, entrevistado secretamente em Bagdá, fez uma previsão sombria: "Os iraquianos exilados são a réplica exata dos que hoje nos governam... com a única diferença de que os últimos já estão saciados, depois de roubarem durante os últimos 30 anos. Os que acompanham as tropas norte-americanas serão vorazes".

Muitos dos iraquianos que regressaram ao país após a invasão liderada pelos Estados Unidos eram gente de bons princípios e haviam perdido muito por se opor a Saddam Hussein. Todavia, avançando uma década, a previsão do servidor público anônimo sobre a capacidade do novo governo terá se provado totalmente verdadeira. Como disse um ex-ministro, "o governo iraquiano é uma cleptocracia institucionalizada".

"A corrupção é inacreditável", disse o cientista político e ativista Ghassn al-Attiya. "Você não consegue um emprego no exército se não pagar; você nem pode sair da prisão se não o fizer. Talvez um juiz o liberte, mas você precisará pagar a papelada, ou permanecerá encarcerado. Mesmo quando livre, você poderá ser capturado por um oficial que pagou de 10 mil a 50 mil dólares por seu posto e precisa recuperar o dinheiro". Numa versão iraquiana do romance *Catch 22*,[5] tudo está à venda. Um ex-detento

---

5. N. do E.: *Catch-22* (*Ardil 22*, no Brasil) é um romance satírico-histórico de Joseph Heller, publicado originalmente em 1961. O livro, situado durante os estágios finais da Segunda Guerra Mundial, passou a ter um significado idiomático para uma situação sem saída, uma armadilha.

contou que tinha de pagar aos guardas 100 dólares por um simples banho de chuveiro. A extorsão era, e continua a ser, a norma: um empreendedor construiu sua casa acima de um oleoduto enterrado, desviou-o e roubou grandes quantidades de combustível.

A corrupção complica e envenena a vida diária dos iraquianos, especialmente daqueles que podem pagar, mas a frequente demanda de propina não é o que golpeia o estado da economia. O Governo Regional do Curdistão, que tem alto grau de autonomia, é considerado extremamente corrupto, mas a economia da região vive um ***boom*** e seu manejo é apontado como modelo para o país. Muito mais nocivo ao Iraque foi o roubo generalizado de fundos públicos. Apesar das dezenas de bilhões de dólares gastos, há um contínuo racionamento de eletricidade e outros serviços. Poucos iraquianos lamentam a queda de Saddam Hussein, mas muitos lembram-se de que, após os ataques aéreos devastadores dos Estados Unidos contra a infraestrutura, em 1991, as estações de energia foram rapidamente restauradas, com uso apenas de recursos iraquianos.

A corrupção iraquiana envolve mais do que o roubo das receitas de petróleo por uma casta criminalizada de políticos, partidos e funcionários. Os críticos do primeiro-ministro Maliki, que esteve no poder desde 2006, dizem que seu método de controle político foi oferecer contratos a apoiadores, aliados vacilantes ou inimigos que desejava afastar. Porém, isso não é tudo. Os beneficiários dessa lambança eram "ameaçados de investigação e exposição públicas, se saíssem da linha", disse um observador iraquiano. Mesmo aqueles que não haviam obtido contratos sabiam que eram vulneráveis a ações dos corpos anticorrupção. "Maliki tem arquivos sobre seus inimigos, como J. Edgar Hoover", acrescentou o observador, em referência ao primeiro diretor do Escritório Federal de Investigações (FBI) dos Estados Unidos. O governo não pode reformar o sistema porque estaria atingindo o próprio mecanismo por meio do qual governa. As instituições estatais de combate à corrupção foram sistematicamente amputadas, marginalizadas ou intimidadas. Por que a corrupção no Iraque é tão grave? A resposta simples dada pelos iraquianos é que "as sanções da ONU devastaram a sociedade nos anos 1990 e os norte-americanos destruíram o país a partir de 2003". Sob o governo de Maliki, dominado pelos xiitas, o apadrinhamento baseado em partido, família ou comunidade determina quem consegue um emprego, o que contribui ainda mais para a marginalização dos sunitas, iniciada após a queda de Saddam Hussein.

É evidente que o ISIS foi capaz de explorar o sentimento crescente de alienação e perseguição entre os sunitas iraquianos. "Desprezado, demonizado e submetido a uma repressão crescente pelo governo central, o movimento popular está lentamente convertendo-se em luta armada", relata o *think tank* International Crisis Group. "Muitos árabes sunitas concluíram que sua única opção realista é o conflito violento, cada vez mais moldado em termos confessionais." Em outras palavras, eles percebem que sua melhor chance de sobreviver e mesmo de vencer a luta pelo poder no Iraque é lutar, como sunitas, contra a hegemonia xiita.

O governo dominado por xiitas poderia ter se livrado de sua postura de confronto antes de 2011. No entanto, quando o tema proeminente da Primavera Árabe na Síria assumiu a forma de uma revolta da maioria sunita, apoiada pela Arábia Saudita, as monarquias sunitas do Golfo Pérsico e a Turquia, o balanço de poderes sectários na região começou a mudar.

Antes disso, os sunitas iraquianos viviam ressentidos, porém em grande medida resignados à dominação xiita-curda do Iraque, estabelecida em 2003. Temiam ser novamente esmagados pelas milícias xiitas e forças de segurança controladas pela seita, que haviam expulsado os sunitas de boa parte de Bagdá, na guerra civil sectária de 2006 e 2007. Um relato da embaixada norte-americana em 2007 dizia: "Mais da metade de todos os bairros de Bagdá têm hoje clara maioria xiita. Os sunitas fugiram em grande número para áreas afastadas, cercadas por bairros xiitas". Em grande medida, isso continua a ser verdade hoje.

A rápida dinâmica de poder ao longo das linhas sectárias, mais evidente logo após os eventos de junho de 2014, também provocou reações de medo na comunidade xiita do Iraque. "Os xiitas iraquianos veem o que ocorre não como reação justificada dos sunitas contra o governo que os oprimia, mas como uma tentativa de restabelecer o velho governo de dominação sunita", disse um observador na capital. Dos dois lados, as tensões haviam se acumulado ao ponto de tornar inevitável um confronto sectário sangrento.

A corrida de jovens homens xiitas a milícias foi incitada por um apelo do grande ayatolá Ali al-Sistani, o reverenciado clérigo xiita. "A rua está fervendo", disse um observador. Cerca de mil voluntários deixaram Kerbala e foram para a cidade fronteiriça de Samarra, local da mesquita al-Askari, um dos templos xiitas mais sagrados, numa cidade em que a maioria da população é sunita.

A polarização entre os dois grupos religiosos apenas intensificou-se pela guerra quente e fria entre os Estados Unidos e a Rússia. Aqui, há procuradores de guerra sempre em jogo, com a Arábia Saudita e as monarquias do Golfo, apoiadas pelos norte-americanos, confrontando-se com Irã, Síria e o Hezbollah no Líbano, amparados pela Rússia. O presidente iraniano, Hassan Rouhani, que apoiou o governo xiita iraquiano, prometeu auxílio a Maliki contra o levante sunita, afirmando: "O Irã fará todos os esforços, nos planos internacional e regional, para enfrentar o terrorismo". Com uma longa fronteira em comum, o Iraque é o mais importante aliado do Irã, mais até do que a Síria. Os iranianos apavoraram-se com o súbito colapso militar iraquiano, que criou problemas para o Irã na Síria, onde lutavam com algum sucesso para estabilizar o governo do presidente Assad. Em resposta ao controle do ISIS sobre o Iraque, em 2014, acreditava-se que um grupo de conselheiros do Corpo de Guardas Revolucionários iranianos estivesse organizando uma nova força militar, a partir do exército e das milícias.

O Iraque sempre suspeitou que a mão oculta do wahabismo, a variante do Islã adotada pela Arábia Saudita, estivesse por trás de boa parte de seus problemas. Em março de 2014, o primeiro-ministro Maliki culpou claramente a Arábia Saudita e o Qatar, numa entrevista à TV France 24, pela violência em seu país. Afirmou que "esses dois países são os principais responsáveis pela crise de segurança sectária e terrorista no Iraque".

Acrescentou que as alegações segundo as quais marginalizaria os sunitas eram difundidas por "sectários ligados a agendas externas, com incitação saudita e do Qatar". Suas acusações foram iradas e diretas, alegando que Riad e Doha haviam oferecido apoio aos combatentes, inclusive "comprando armas para essas organizações terroristas".

Havia bastante verdade em seus ataques. Parte da ajuda que os países do Golfo Pérsico oferecem à oposição armada da Síria sem dúvida chega aos militantes jihadistas no Iraque. A Turquia permite que armas e voluntários jihadistas, muitos deles possíveis homens-bombas, cruzem sua fronteira de 810 quilômetros com a Síria. É inevitável que parte das armas, combatentes e homensbombas dirija-se ao Iraque. Não chega a ser surpresa, já que o ISIS opera em ambos os países como se fossem um único.

Nos últimos dois anos, a violência cresceu de maneira aguda. Cerca de 10 mil civis iraquianos foram mortos em 2013 e quase cinco mil em apenas cinco meses de 2014, segundo o Contador de Mortes no Iraque. Um funcionário graduado dos Estados Unidos, falando em agosto de 2013 e citado por Jessica D. Lewis, do Instituto para o Estudo da Guerra, afirmou: "Tivemos uma média de cinco a 10 homens-bombas por mês. Nos últimos 90 dias, o número desses atentados aproximou-se de 30 por mês, e suspeitamos que a maior parte dos praticantes venha da Síria".

Um ponto cego para os Estados Unidos e outras potências ocidentais é seu fracasso em enxergar que, ao apoiar o levante armado na Síria, iriam desestabilizar inevitavelmente o Iraque e abrir uma nova rodada em sua guerra civil sectária. Em 2010, a Al-Qaeda no Iraque, como era então chamada, estava em sua maré mais baixa. Havia sido perseguida com vigor pelos norte-americanos e estava sob ataque da Sahwa ou "Despertar", grupos de combatentes anti-Al-Qaeda, a maior parte dos quais atraídos a partir das tribos sunitas. Perdera muitos de seus veteranos, mortos ou aprisionados. Os sobreviventes eram impopulares entre os sunitas comuns, por sua sede de sangue e sua tendência a matar até funcionários de baixo escalão do governo, que podiam ser sunitas. Acima de tudo, havia fracassado em sua tentativa de derrubar o governo xiita-curdo. Até 2012, muitos sunitas esperavam arrancar ao menos algumas concessões do governo sem ter de voltar à guerra.

O ressurgimento espetacular dos jihadistas no Iraque ocorreu por meio de uma campanha bem planejada, que teve como um de seus elementos importantes ataques sistemáticos às prisões. Conhecida como companha "Quebrando os Muros", ela envolveu oito ataques para libertar prisioneiros, culminando num assalto bem-sucedido às prisões de Abu Graib e Taji, no verão iraquiano de 2013, quando ao menos 500 presos, muitos deles guerreiros experimentados, escaparam. Os atacantes dispararam 100 bombas-morteiros nas cadeias e usaram homens-bombas para abrir o caminho, enquanto motins e incêndios internos confundiam os guardas.

Em 2013, os ataques do ISIS a forças de segurança em todo o Iraque multiplicaram-se. Um assalto por forças do governo a um acampamento de paz em Hawijah, a sudoeste de Kirkuk, em 23 de abril, matou 50 pessoas e feriu 110, afastando muitos sunitas, inclusive grupos poderosos. Contraofensivas mal planejadas do governo, que sempre resultavam em detenções e maus-tratos a todos os homens sunitas em idade militar, mostraram-se contraproducentes. Os bombardeios esporádicos de Fallujah e Ramadi pelas forças governamentais em Anbar forçaram cerca de 500 mil pessoas da província, cuja população é de 1,6 milhão, a fugir para lugares mais seguros, onde frequentemente foram obrigadas a viver de modo rude, ou com famílias inteiras apinhadas num único cômodo.

Ao longo de todo o Alto Eufrates, a comida tornou-se escassa e cara e muitas escolas foram fechadas. O líder religioso sunita mais importantes de Anbar, Abdul Malak al-Saad, que antes aconselhava moderação, insistiu que as eleições parlamentares de abril de 2014 eram ilegítimas.

Nos meses que antecederam sua ofensiva geral, em junho de 2014, havia alguma incerteza sobre o grau de controle do ISIS sobre as áreas sunitas. Às vezes, o grupo escolhia propagandear sua força; em outras ocasiões, não. A tomada de Mosul e a facilidade com que ocorreu foram claramente uma grande vitória simbólica para os jihadistas, mostrando tanto sua própria eficácia quanto a fragilidade das gigantescas forças de segurança do Iraque.

No entanto, os detalhes sobre o que ocorreu precisamente na cidade permanecem enevoados, devido à falta de reportagem confiável – algo que não surpreende, dada a campanha de assassinatos contra a mídia local. Cinco jornalistas foram mortos em seis meses, após outubro de 2013, e 40 outros fugiram para o Curdistão e a Turquia. Os mukhtars, líderes comunitários que são frequentemente os representantes governamentais mais importantes, também foram atacados, forçados a fugir ou a cooperar com o ISIS. Minorias como os yazidis e os cristãos também se converteram em alvos.

Mosul tem importância particular para o ISIS por ser berço de muitas famílias que integraram o exército sob Saddam Hussein, que tradicionalmente escolhia o ministro da Defesa na cidade. Ainda que os combatentes do ISIS sejam muito brutais, para muitos em Mosul eles eram preferíveis às forças governamentais de Maliki, dominadas por xiitas. O ISIS tomou o cuidado de não afastar a população local. Seu porta-voz, Abu Mohammed al-Adnani, advertiu os combatentes a se comportarem moderadamente diante da população sunita, inclusive daqueles que haviam antes lutado ao lado do governo. "Aceitem o arrependimento e a retratação dos que são sinceros e não incomodem quem não os incomoda. Perdoem o povo sunita e sejam gentis com os grupos", disse ele. Ainda é preciso saber se essa atitude funcionará. Mosul é uma cidade tradicional e conservadora, mas não intensamente religiosa. É difícil imaginar o ISIS governando-a sem criar fricções.

A emergência do controle do ISIS sobre o Iraque sunita deu-se rapidamente, e há até o momento poucos sinais de um contra-ataque efetivo do governo. Os massacres contra os civis xiitas continuam. Em março de 2014, um homem-bomba, numa minivan repleta de explosivos, matou 45 e feriu 157 pessoas num posto de controle na entrada da cidade xiita de Hilla, a sudoeste de Bagdá. A segurança governamental foi incapaz de encontrar e eliminar os esconderijos nos quais essas bombas instaladas em veículos são montadas.

Pode haver outra razão menos óbvia para o ressurgimento espetacular do ISIS. Segundo uma fonte iraquiana qualificada, o processo foi auxiliado de modo significativo, em 2011 e 2012, pela inteligência militar turca, que encorajou oficiais iraquianos experimentados, possivelmente participantes de ações de guerrilha contra a ocupação norte-americana, a trabalhar com o movimento. Pode ser mais uma teoria conspiratória do Oriente Médio, mas um aspecto dos movimentos de tipo jihadista é a facilidade com que podem ser manipulados por serviços de inteligência estrangeiros.

Ao falar no Iraque, no início de 2013, Mahmou Othman, um parlamentar veterano, afirmou que "cerca de metade do país não é realmente controlada pelo governo". Indagado sobre o porquê das forças de segurança de um milhão de homens serem tão ineficazes, outro político, que preferiu o anonimato, disse: "É a colheita da corrupção total. As pessoas pagam para entrar no exército [para receber um salário], mas agem como investidores, não como soldados". São palavras duras, mas evidências de sua verdade são oferecidas pelo fato de o ISIS controlar agora uma grande parte do país e de o exército iraquiano parecer impotente para fazer algo a respeito.

VI.

OS JIHADISTAS SEQUESTRAM A REBELIÃO SÍRIA

Logo depois dos ataques com gás sarin a distritos rebeldes de Damasco, em agosto de 2013, eu apareci num programa da TV norte-americana com Razan Zaitouneh, uma advogada atuante em direitos humanos e fundadora do Centro de Documentação de Violações, que falava, via Skype, do bastião oposicionista de Douma, no leste de Damasco.

Ela fez um relato apaixonado, constrangedor e totalmente verossímil do que ocorrera: "Nunca vi tanta morte em minha vida", disse, descrevendo cenas de pessoas arrombando as portas de casas apenas para constatar que todos, do lado de dentro, haviam sido mortos. Os médicos, nos poucos centros de saúde, lastimavam ao tentar, em vão, tratar as vítimas de gás com os escassos medicamentos de que dispunham. Os corpos, 15 a 20 por vez, eram empilhados em valas comuns. Ela recusou, com desdém, qualquer possibilidade de que os rebeldes pudessem estar por trás do uso do sarin, perguntando: "Você acha que somos loucos a ponto de matar nossos próprios filhos?"

Zaitouneh defendia prisioneiros políticos havia dez anos e era uma jurista muito crível. Porém, em 8 de dezembro de 2013, atiradores invadiram seu escritório em Douma e a sequestraram, com seu marido, Wael Hamada, e dois ativistas pelos direitos civis: Samira al--Khalili, advogada, e Nazem al-Hamadi, poeta. Não se soube nada, de nenhum dos quatro, desde então.

Embora negue qualquer envolvimento, o grupo suspeito de estar por trás do sequestro é o Exército do Islã, uma organização forte nos distritos de Damasco controlados pela oposição. Foi criado pela Arábia Saudita como um contrapeso ao Frente al-Nusra. O marido de Samira al-Khalili, Yassin al-Hajj Saleh, disse à publicação online *Al-Monitor*: "Razan e Samira eram parte de um movimento nacional secular, o que as levou a colidir com as facções islamitas que se inclinam para o despotismo".

O sequestro e desaparecimento de Zaitouneh e de muitas pessoas podem ter muitos paralelos em outras partes da Síria, onde os islamitas mataram defensores dos direitos civis ou os forçaram a fugir. Normalmente, isso ocorreu quando os ativistas fizeram críticas a seus assassinatos, torturas, aprisionamentos ou outros crimes. As revoluções são notórias por devorar seus participantes pioneiros e mais humanos, mas poucas delas fizeram isso com a rapidez e ferocidade verificadas na Síria.

Por que o levante sírio – cujos primeiros defensores exigiam a substituição da tirania por um Estado democrático secular, não sectário e submetido ao império da lei – fracassou completamente na busca desses objetivos? A Síria descambou para uma guerra civil sectária e de pesadelo, em que o governo bombardeia suas próprias cidades como se fossem território inimigo e a oposição armada é dominada por combatentes salafitas-jihadistas, que massacram alawitas e cristãos apenas por motivo de crença. Agora, os sírios têm de escolher entre uma ditadura violenta, na qual o poder é monopolizado pela presidência e serviços de segurança brutais, e uma oposição que atira no rosto de crianças acusadas de pequenos atos de blasfêmia e que envia fotos de soldados decapitados aos seus parentes.

A Síria de hoje é como o Líbano durante a guerra civil de 15 anos, entre 1975 e 1990. Estive recentemente em Homs, antes uma cidade conhecida por sua diversidade vibrante, hoje cheia de "bairros fantasmas", onde todos os prédios estão abandonados, atingidos por bombas ou fogo de artilharia. As paredes que permanecem em pé encontram-se tão perfuradas por balas de metralhadora, que é como se carunchos gigantes tivessem devorado o concreto.

É uma terra de postos de controle, bloqueios e cercos, durante os quais o governo lacra e bombardeia enclaves controlados pelos rebeldes. A estratégia tem funcionado, mas a passo de lesma, o que deixa muito da Síria em ruínas. Aleppo, que já foi a maior cidade do país, está em boa parte despovoada. As forças do governo avançam, mas estão sobrecarregadas e não podem reconquistar o norte e leste do país, a não ser que a Turquia feche sua longa fronteira. Os sucessos do governo apenas fortalecem os jihadistas diante de outras forças mais moderadas, porque eles têm guerreiros endurecidos, que nunca se renderão. O exército sírio avança por trás de uma barragem de bombas em Aleppo, mas suas tropas estão combatendo principalmente a Frente al-Nusra, filiada oficial da Al-Qaeda, e os salafitas do Ahrar al-Sham, apoiados pelo Qatar e Turquia. O exército tenta repetir o feito em partes de Damasco e Homs, onde isolou e sitiou enclaves rebeldes, até chegar a acordos que tornaram próxima a rendição. Em contraste, o enclave rebelde no leste da cidade de Aleppo é mais substantivo e está mais perto tanto do centro das posições rebeldes, quanto da fronteira turca. Sua queda significaria o começo do fim da revolta, algo que seus apoiadores internacionais não querem permitir.

O estado degenerado da revolução síria deriva das profundas divisões políticas, religiosas e econômicas anteriores a 2011, mas também da forma como foram exploradas pela intervenção estrangeira. Os primeiros protestos ocorreram em sequência aos levantes da “Primavera Árabe” na Tunísia, Egito, Líbia, Iêmen e Bahrein. Espalharam-se rapidamente devido à reação destemperada das forças de segurança do Estado, que atiraram em manifestantes pacíficos, provocando a revolta de comunidades inteiras e desencadeando a resistência armada. O governo insiste que os protestos não foram tão pacíficos como pareciam e que, desde o início, suas forças viram-se sob ataque armado. Há alguma verdade nessa afirmação, mas se o objetivo da oposição era atrair Assad para uma resposta punitiva contraproducente, ela obteve muito mais sucesso do que poderia sequer sonhar.

A sociedade síria sempre foi menos coerente do que sugeria para observadores estrangeiros. Suas divisões não se dão apenas em torno de linhas de religião. Em julho de 2011, o International Crisis Group, um *think tank* com base em Bruxelas, destacou, num relatório: “As autoridades sírias alegam que estão combatendo uma conspiração islâmica, patrocinada a partir do exterior, mas, para a grande maioria, estão guerreando contra sua base social original. Quando chegou ao poder, o regime de Assad deu corpo ao setor rural marginalizado, seus camponeses e a uma subclasse de explorados. A elite governante atual esqueceu suas raízes”.

Nos quatro anos de seca anteriores a 2011, a ONU notou que até três milhões de agricultores sírios haviam sido empurrados à “pobreza extrema” e deixaram o campo para ocupar favelas nas periferias das cidades. Os salários da classe média não podiam competir com a inflação. Importações baratas, frequentemente da Turquia, inviabilizavam pequenas indústrias e contribuíam para empobrecer os trabalhadores urbanos. O contato do Estado com áreas inteiras da vida social havia se reduzido à presença de serviços de segurança corruptos e predatórios. O International Crisis Group concordou que havia "uma tendência ao levante islâmico", mas não era essa a principal motivação dos protestos pacíficos que se convertiam em conflito militar.

Compare essa análise, do verão sírio de 2011, com o que ocorreu três anos depois. Em 2014, a guerra havia chegado a um impasse e a oposição armada era dominada pelo ISIS. Ideologicamente, não havia muita diferença entre esse grupo e outras facções jihadistas, como o Ahrar al-Sham ou o Exército do Islã, cujo objetivo também é um Estado teocrático sunita, sob a lei da sharia. Execrados no Ocidente por sua ferocidade sectária, esses combatentes foram muitas vezes bem recebidos pelas populações locais, por restaurarem a lei e a ordem, após os saques e o banditismo do Exército Livre Sírio – a frouxa coalizão, sustentada pelo Ocidente, que chegou a reunir 1.200 bandos rebeldes. No Afeganistão, nos anos 1990, as regras de ferro do Talibã foram inicialmente saudadas por muitos, pela mesma razão.

O grau de subordinação da oposição armada a seus apoiadores, no final de 2013, é bem ilustrado pelas confissões de Saddam al-Jamal, um líder da Brigada Ahfad al-Rasoul e ex-comandante do FSA no leste da Síria. Uma entrevista fascinante com ele, realizada pelo ISIS e traduzida pelo blog *Brown Moses*, foi gravada depois de sua defecção para o grupo. A despeito de suas denúncias enviesadas sobre as ações anti-islâmicas por parte de seus antigos aliados do FSA, a narrativa parece ser confiável. Ele fala como se fosse voz corrente que seu próprio grupo, o al-Ahfad, tivesse sido fundado por uma das monarquias do Golfo Pérsico: "No início da Revolução Síria, a coisa foi tocada pelo Qatar. Depois de um tempo, mudou para a Arábia Saudita".

Jamal diz que as reuniões do conselho militar do FSA tinham a presença inevitável de representantes dos serviços de inteligência da Arábia Saudita, Emirados Árabes, Jordânia e Qatar, assim como de oficiais da inteligência dos Estados Unidos, Grã-Bretanha e França. Num desses encontros, aparentemente em Ancara, capital da Turquia, Jamal relata: o vice-ministro da Defesa saudita, príncipe Salman bin Sultan, meio-irmão do chefe de inteligência, Bandar bin Sultan, dirigiu-se a todos e solicitou aos líderes da oposição armada que tinham planos de atacar as posições de Assad que apresentassem suas necessidades de armas, munições e dinheiro. A impressão que emerge é de um movimento totalmente controlado pelas agências de inteligência árabes e ocidentais. O fato de tanto Bandar quanto Salman terem perdido seus postos pode ser um sinal do reconhecimento, pela Arábia Saudita, do fracasso dramático dos planos para derrubar Assad.

A guerra civil entre grupos jihadistas iniciada com um ataque coordenado às posições do ISIS, em janeiro de 2014, está afetando a sustentação de todos eles. Combatentes estrangeiros que foram à Síria lutar contra Assad e os xiitas descobrem-se orientados a matar guerreiros sunitas com visões ideológicas idênticas às suas.

O ISIS enviou o homem-bomba, que matou Abdullah Muhammad al-Muhaysani, representante oficial da Al-Qaeda na Síria, e um líder do Ahrar al-Sham. É uma evidência de como a Al-Qaeda central tem laços em diferentes níveis, com organizações jihadistas às quais não está oficialmente associada. Tentativas da Arábia Saudita, Estados Unidos e Jordânia para criar um "frente sul" de insurgentes, que fossem ao mesmo tempo anti-Assad e anti-Al-Qaeda, fracassaram até agora, em parte devido aos temores da Jordânia quanto a se tornar um participante visível no conflito.

Os jihadistas que regressam estão descobrindo que o caminho de volta nem sempre é fácil, já que os governos de seus países de origem – por exemplo, os da Arábia Saudita ou Tunísia, que podem ter saudado sua partida, vista como meio de exportar fanáticos perigosos – estão agora chocados com o risco do retorno de salafitas aguerridos. Um ativista da cidade de Raqqa, norte da Síria, interessado em apressar a partida de voluntários tunisianos, mostrou-lhes um vídeo de mulheres em biquínis nas praias de seu país, sugerindo que sua presença puritana era necessária agora em casa, para evitar tais práticas permissivas.

Um sinal do escorregão da Síria rumo à violência apocalíptica é o fato de que a representante oficial da Al-Qaeda, a Frente al-Nusra, ser agora considerada mais moderada do que o ISIS. Este último recuou no início de 2014, mas isso pode ter sido um movimento tático, para preparar a ofensiva no norte do Iraque. Ele ocupa um vasto território no leste da Síria e oeste do Iraque, onde pode reagrupar-se e planejar contra-ataques. Em qualquer caso, a Frente al-Nusra sempre buscou mediações com o ISIS e em geral não tenta enfrentá-lo. A guerra civil jihadista tornou mais fácil a situação militar para o governo, já que seus inimigos estão se matando reciprocamente, mas Damasco ainda não tem recursos para vencer a guerra. Em breve, enfrentará um ISIS fortalecido por suas vitórias no Iraque e ansioso para mostrar que pode alcançar o mesmo na Síria.

~

Muitos erros de avaliação sobre a Síria foram cometidos desde 2011, tanto no exterior quanto pela oposição. Talvez o mais sério tenha sido a crença de que o presidente Assad iria ser derrotado como Muammar Gaddafi na Líbia. Os rebeldes e seus apoiadores externos esqueceram-se de que Gaddafi foi derrubado principalmente pela campanha aérea da OTAN. Sem esta, os rebeldes não teriam durado mais do que algumas semanas. Entretanto, a crença de que Assad era fraco só começou a ser vista com ceticismo em 2013. Em 2012, os governos e jornalistas estrangeiros especulavam sobre o lugar que ele escolheria para seu exílio, ainda que ele controlasse todas as 14 capitais provinciais da Síria. O ISIS controla agora uma delas, Raqqa, no Eufrates, mas os principais centros populacionais ainda são mantidos pelo governo. Um problema para a oposição não jihadista é que toda sua estratégia (se é que tinha alguma) baseava-se em criar outra situação do tipo Líbia. Quando fracassou, não tinha um plano B.

Embora Assad – assim como a oposição, em 2011 e 2012 – possa superestimar a força das cartas que possui, os terrenos político e militar parecem hoje muito mais favoráveis, de seu ponto de vista. O exército, as milícias favoráveis ao regime e aliados como o Hezbollah estão ampliando seu controle sobre Damasco e as Montanhas Qalamoun, ao longo da fronteira com o Líbano, a província de Homs e sua capital. Essas conquistas, porém, são alcançadas muito lentamente, o que revela a carência, por parte do governo, de tropas de combate efetivas, com a consequente necessidade de evitar perdas. Os recrutas barrigudos no comando dos postos de controle não parecem dispostos a lutar contra ninguém.

Ao invés de retomar as áreas sob domínio dos rebeldes, o governo simplesmente as bombardeia, para que a população civil seja forçada a fugir e fiquem apenas as famílias dos combatentes ou os pobres demais para encontrar outro lugar para viver. Em seguida, corta-se o fornecimento de energia e água e se monta o cerco. Em Adra, na periferia norte de Damasco, testemunhei, no início de 2014, as forças da Frente al-Nusra invadirem um complexo residencial, avançando por meio de um tubo de drenagem que terminava atrás das linhas do governo. Lá, elas mataram alawitas e cristãos. O governo não contra-atacou: simplesmente continuou o cerco.

Há, nessas áreas, muitos cessar-fogos locais, que não estão longe de ser rendições. Num distrito chamado Barzeh, os combatentes do FSA mantiveram suas armas e um comandante rebelde local disse-me: "Esperamos que libertem 350 prisioneiros de Barzeh, mas tudo o que temos até agora são três corpos mortos". Ele me perguntou, quase em desespero, se eu conhecia alguém na inteligência militar síria que pudesse saber o que ocorrera aos prisioneiros.

A paisagem política da Síria é muito mais complexa do que pode parecer do exterior. Por exemplo, em fevereiro de 2014, numa cidade chamada Nabq, situada na estrada de Damasco e que acabava de ser retomada, as forças do governo organizaram uma celebração de vitória protegida por sua milícia, a Força Nacional de Defesa. No entanto, os habitantes locais contaram-me que os rebeldes, que haviam prometido, uma semana antes, lutar até a última bala contra as forças de Assad, eram agora todos membros da milícia.

O padrão repete-se em todo o caminho até Homs e, a leste, ao longo da fronteira síria, onde os rebeldes perderam vilas ou fortes pontos, como Krak des Chevaliers. A própria cidade de Homs esteve sob controle governamental por algum tempo, com exceção de uma grande área chamada al-Waer, no Noroeste, onde centenas de milhares de sunitas refugiaram-se. As similaridades entre a situação na província de Homs e o Líbano, durante a guerra civil, são notáveis. Ao redor de Krak des Chevaliers, por exemplo, encontram-se vilas cristãs próximas a comunidades sunitas turcomanas e, mais próximas à fronteira com o Líbano, há casas com estátuas da Virgem Maria do lado de fora da porta, indicando que seus ocupantes são maronitas.

Quanto mais se viaja em direção ao norte, menos se veem progressos das forças governamentais. Claro: aqui, os rebeldes têm a enorme vantagem da proximidade da fronteira com a Turquia, no essencial aberta para uma miríade de operações de contrabando, tanto comerciais quanto militares. É significativo que muitas das batalhas intrarrebeldes tenham sido travadas em torno do controle das passagens de fronteira, que podem ser usadas para movimentar homens e armas e para garantir uma fonte de rendas.

Vastas áreas do país estão devastadas. Todo o norte de Damasco, por exemplo, parece uma foto de Stalingrado, com edificações irreparavelmente atingidas ou derrubadas. Os refugiados não retornam: não há porque regressar. O governo também não oferece muito como meio de reconciliação. Politicamente, seu argumento principal é que, "ao menos, somos melhores do que o outro lado, que arranca a cabeça dos que pertencem a outra religião ou seita". Isso obviamente atemoriza os alawitas, cristãos, curdos e outros, mas também atemoriza os sunitas que trabalham para o Estado. A grande fraqueza da oposição é o grau com que permitiu que o conflito se degenerasse em algo sectário vicioso. Um fator importante na guerra síria, que a torna diferente de confrontos anteriores, é que a ameaça de morte ou tortura pelo outro lado é a mais aterradora possibilidade, pois a população vê inúmeros exemplos dessas atrocidades na internet. Quem se relaciona com seus oponentes, principalmente por meio de filmes de violência e morte, não está, provavelmente, preparado para um compromisso.

~

O que poderia ser feito para acabar com tudo isso? A teoria segundo a qual armar a oposição levará Assad a discutir a paz e sua própria partida pressupõe uma completa transformação no cenário do campo de batalha. Não é certo que isso aconteça algum dia, mas de qualquer forma exigiria anos de combates. A hipótese também presume que a Rússia, o Irã e o Hezbollah desejam ver seu aliado sírio derrotado. Dado que a insurgência é agora dominada pelo ISIS, Frente al-Nusra e outros grupos do tipo Al-Qaeda, é improvável que até mesmo Washington, Londres e Riad queiram a queda de Assad. Contudo, permitir que ele vença seria visto como uma derrota pelo Ocidente e seus aliados na Turquia e mundo árabe. "Eles foram com muita sede ao pote quando disseram que Assad precisava cair para que sua política fosse revertida", disse um ex-ministro saudita. Ao apresentar a retirada de Assad como uma pré-condição para a paz, sem saber se isso poderia ocorrer, seus inimigos estavam, na prática, assegurando a continuidade da guerra. Pode ser que Assad não deseje um compromisso de paz, mas ninguém está lhe oferecendo um.

~

Se a guerra não pode terminar, haveria como mitigar seu impacto sobre o povo sírio? Dado o corrente nível de violência, as negociações são sufocadas pelo que se chamava há um tempo, na Irlanda do norte, como "política da última atrocidade". O ódio e o medo são muito profundos para que alguém se arrisque a ser visto fazendo concessões. E, de qualquer forma, deve-se questionar se a Frente al-Nusra ou o ISIS estão interessados em negociar com alguém. Certamente, até pouco tempo atrás, a resposta parecia ser firmemente negativa, mas, em maio de 2014, os últimos 1.200 combatentes e suas armas foram retirados da Velha Cidade de Homs, enquanto os rebeldes permitiram a entrada de comida em dois municípios xiitas que sitiavam, Nubl e Zahrra. Em outras localidades, prisioneiros pró-Assad foram libertados. Tais acordos e tréguas locais estão se tornando crescentemente possíveis, devido ao cansaço com a guerra. Provavelmente, não serão mais do que temporários. No entanto, como analisa um observador em Beirute, "houve mais de 600 cessar-fogos na guerra civil do Líbano. Eram sempre frágeis e as pessoas zombavam deles. Porém, salvaram um grande número de vidas".

A crise síria compreende cinco diferentes conflitos que se infectam e exacerbam uns aos outros. A guerra começou como uma revolta popular genuína contra uma ditadura brutal e corrupta, mas logo foi atravessada pela luta dos sunitas contra os alawitas, o que retroalimentou o conflito xiita-sunita em toda a região, com uma queda de braço entre os Estados Unidos, Arábia Saudita e Estados sunitas, de um lado, e o Irã, Iraque e os xiitas libaneses, de outro. Além disso, há uma guerra fria revivida entre o Ocidente e Moscou, exacerbada pelo conflito na Líbia e, mais recentemente, agravada pela crise na Ucrânia.

O conflito converteu-se em algo como a versão para o Oriente Médio da Guerra dos Trinta Anos na Europa, há quatro séculos. Muitos atores estão lutando, cada um por distintas razões, para que todos fiquem satisfeitos pelos termos de uma paz e abandonem as armas ao mesmo tempo. Alguns ainda pensam que podem vencer e outros simplesmente querem evitar uma derrota. Na Síria, assim como na Alemanha, entre 1618 e 1648, todos os lados exageram sua própria força e imaginam que êxitos temporários no campo de batalha abrirão caminho para a vitória total. Muitos sírios veem agora o desfecho de sua guerra civil em boa parte nas mãos dos Estados Unidos, Rússia, Arábia Saudita e Irã. Nisso, eles estão provavelmente certos.

VII.

A ARÁBIA SAUDITA TENTA VOLTAR ATRÁS

Um filme aterrorizante de cinco minutos, feito pelo ISIS, mostra seus combatentes parando três grandes caminhões, no que parece ser a rodovia principal que liga a Síria e o Iraque. Um atirador corpulento e barbudo examina as carteiras de identidade dos motoristas, que estão de pé e nervosos, diante dele.

"Vocês são todos xiitas", ele diz ameaçadoramente.

"Não, somos sunitas de Homs", diz um dos motoristas, num tom de voz baixo e sem esperanças. "Talvez Alá lhes dê a vitória".

"Nós só queremos viver", pede outro motorista. "Estamos aqui porque queremos ganhar nossa vida". Então, o homem do ISIS testa-os, para verificar se são de fato sunitas. "Quantas vezes vocês ajoelham para a reza do amanhecer?" Suas respostas variam entre três e cinco.

"O que os alawitas estão fazendo com a honra da Síria?", pergunta retoricamente o atirador, que a esta altura já está acompanhado por outros combatentes. "Eles estão violando mulheres e matando muçulmanos. A fala de vocês mostra que são politeístas". Os três motoristas são levados para o acostamento e assassinados a tiros.

A oposição armada na Síria e Iraque agora é dominada pelos jihadistas salafitas, combatentes islâmicos fundamentalistas comprometidos com a guerra santa. Os que mataram motoristas não sunitas na estrada entre Bagdá e Damasco são um exemplo típico. Os governos ocidentais podem não se preocupar muito com o número de xiitas mortos, mas percebem que movimentos sunitas, com crenças similares às da Al-Qaeda de Osama bin Laden, constituíram, no Iraque e Síria, uma base muito maior do que aquela de que dispunham no Afeganistão à época do 11 de Setembro, quando se subordinavam ao Talibã.

A pretensão segundo a qual o chamado Exército Sírio Livre, apoiado pelo Ocidente e supostamente secular, liderava a guerra para derrubar o presidente Bashar al-Assad finalmente desvaneceu em dezembro de 2013, quando os jihadistas invadiram os depósitos de suprimentos do grupo e mataram seus comandantes. A Arábia Saudita estava crucialmente envolvida, por sua ascendência sobre os fundamentalistas, no movimento de oposição a Assad. Ela superou o Qatar como maior fonte de financiamento dos rebeldes sírios, no verão de 2013. No entanto, o envolvimento saudita já era muito mais profundo e de longo prazo: mais combatentes chegaram à Síria vindos da Arábia Saudita do que a partir de qualquer outro país.

Os pregadores sauditas reivindicaram veementemente intervenção armada contra Assad, seja por meio de indivíduos voluntários ou de Estados. As crenças do wahabismo, a versão puritana e literal do Islã, reconhecida exclusivamente pelo sistema educacional e jurídico saudita, não são muito distintas das da Al-Qaeda ou de outros grupos jihadistas salafistas que atuam no Oriente Médio. O wahabismo rejeita completamente outros tipos de oração islâmica, assim como crenças não muçulmanas. Ele enxerga o xiitismo como heresia, adotando atitude muito semelhante à dos católicos, que detestavam e queriam eliminar a Reforma protestante na Europa.

Não há dúvida de que a propaganda wahabista, fartamente financiada, contribuiu para o aprofundamento e a violência crescente da luta entre sunitas e xiitas. Um estudo de 2013, publicado pelo diretório geral para políticas externas do Parlamento Europeu e intitulado "O envolvimento do salafismo/wahabismo no apoio e suprimento de armas para grupos rebeldes em todo o mundo", começa afirmando: "A Arábia Saudita tem sido uma grande fonte de financiamento de organizações terroristas e rebeldes desde os anos 1980". Acrescenta que o país ofereceu 10 bilhões de dólares para promover a agenda wahabista e prevê que "o número de lutadores jihadistas doutrinados" irá crescer.

As origens da postura antixiita da Arábia Saudita podem ser rastreadas até a aliança entre os wahabistas e a Casa de Saud, que remonta ao século XVIII. Porém, a data-chave para que os movimentos jihadistas se convertessem em atores políticos é 1979, com a invasão soviética do Afeganistão e a Revolução Iraniana, durante a qual o ayatolá Khomeini transformou o país numa teocracia xiita.

Nos anos 1980, desenhou-se uma aliança extremamente duradoura entre Arábia Saudita, Paquistão (ou, mais propriamente, o exército paquistanês) e Estados Unidos. Foi um dos principais apoios do domínio norte-americano na região, mas também ofereceu um criadouro para os movimentos jihadistas, dos quais a Al-Qaeda de Osama bin Laden foi, originalmente, uma cepa.

O choque de 11 de setembro de 2001 ofereceu aos Estados Unidos um "momento Pearl Harbor". A repulsa e o medo da população puderam ser manipulados para implementar uma tendência neoconservadora já existente, tomando Saddam Hussein como alvo e invadindo o Iraque. Uma razão para praticar torturas do tipo afogamento contra suspeitos que pertenciam à Al-Qaeda era obter confissões que implicassem o Iraque – ao invés da Arábia Saudita – nos ataques.

A comissão que investigou o 11 de Setembro identificou a Arábia Saudita como fonte principal do financiamento à Al-Qaeda, mas nenhuma ação foi tomada a respeito. Seis anos após o ataque, no calor da guerra contra o Iraque em 2007, Stuart Levey, o subsecretário do Tesouro dos Estados Unidos, responsável por monitorar e bloquear o financiamento ao terror, afirmou à ABC News que, em relação à Al-Qaeda, "se eu pudesse de alguma maneira estalar os dedos e cortar o financiamento a partir de um país, seria a Arábia Saudita". Levey acrescentou que nenhuma das pessoas identificadas pelos Estados Unidos ou pela ONU como financiadores do terrorismo havia sido processada pelos sauditas.

Apesar dessa frustração de alto nível com as autoridades do país, por não cooperarem, nada muito importante havia ocorrido até poucos anos atrás. Como mencionado antes, num despacho revelado pelo Wikileaks em dezembro de 2009, a secretária de Estado Hillary Clinton escreveu: "A Arábia Saudita continua a ser uma base de apoio financeiro crucial para a Al-Qaeda, o Talibã, o LeT [Lashkar-e-Taiba no Paquistão] e outros grupos terroristas". Ela queixou-se de que, até então, embora a Arábia Saudita agisse contra a Al-Qaeda, só o fazia quando enxergava a organização como uma ameaça interna, nunca contra as atividades da rede terrorista no exterior.

Um aspecto suplementar, que surgiu com força num despacho diplomático norte-americano vazado, foi a prioridade que os sauditas dedicam ao confronto com os xiitas. Aqui, a paranoia vai fundo. Veja o Paquistão, o aliado muçulmano mais importante da Arábia Saudita, sobre quem um diplomata da Casa de Saud afirmou: "Não somos observadores no Paquistão, somos participantes". Antes do 11 de Setembro, apenas a Arábia Saudita, o Paquistão e os Emirados Árabes tinham reconhecido oficialmente o Talibã como governo do Afeganistão. Há algo histérico e exagerado sobre o temor saudita diante do expansionismo dos xiitas: estes são poderosos apenas num punhado de países, onde constituem a maioria ou uma forte minoria da população. Entre 57 nações muçulmanas, apenas quatro têm maioria xiita.

Ainda assim, os sauditas tinham fortes suspeitas sobre o presidente paquistanês Asif Ali Zerdari e deixaram claro que teriam preferido uma ditadura militar no Paquistão. A razão para seu desgosto era sectária, segundo o ministro do Exterior dos Emirados Árabes, xeique Abdullah bin Zayed, que disse aos norte-americanos: "A Arábia Saudita suspeita que Zardari seja xiita, o que cria preocupações sobre um triângulo xiita na região, envolvendo o Irã, o governo Maliki no Iraque e o Paquistão sob Zardari".

As hostilidades sectárias que veem os xiitas como heréticos são combinadas com medo e aversão em relação ao Irã. O rei Abdullah da Arábia Saudita exortou continuamente os Estados Unidos a atacarem Teerã e "cortarem a cabeça da cobra". Confrontar a influência da maioria xiita no Iraque era outra prioridade. Aqui estava mais uma razão pela qual tantos sauditas simpatizavam com as ações dos jihadistas contra o governo do Iraque.

A chegada ao Iraque de um governo xiita – o primeiro no mundo árabe desde que Saladino derrubou a Dinastia Fatímida no Egito, em 1171 – causou sério alarme em Riad e outras capitais sunitas, cujos governantes desejaram reverter essa derrota histórica. O governo iraquiano percebeu com preocupação, em 2009, que quando um imã[6] saudita lançava uma fatwa exortando a morte de xiitas, os governos sunitas da região mantinham um "silêncio suspeito", ao invés de condenar a sentença.

~

As revoltas árabes de 2011 exacerbaram o sectarismo, inclusive na Arábia Saudita, que sempre viu com apreensão a minoria xiita em sua Província Oriental. Em março de 2011, 1.500 soldados sauditas reforçaram as tropas da família real Al-Khalifa, no Bahrein, que esmagaram protestos pró-democracia promovidos pela maioria xiita na ilha. A natureza abertamente sectária do conflito tornou-se clara quando templos xiitas foram arrasados por tratores.

Os sauditas subestimaram o poder do governo Assad na Síria e o apoio que ele passou a receber da Rússia, do Irã e do Hezbollah, no Líbano. No entanto, o envolvimento saudita, assim como o do Qatar e da Turquia, diluiu-se como ideologia dos protestos na luta por uma mudança secular e democrática. Ele converteu-se numa aposta sunita pelo poder, na qual as brigadas jihadistas tornaram-se a ponta de lança da revolta. Previsivelmente, os alawitas e outras minorias sentiram que não lhes restava outra escolha exceto lutar até a morte.

No período seguinte, houve sinais reais de ira em Washington diante das ações da Arábia Saudita e das monarquias do Golfo Pérsico, que financiavam e abasteciam os senhores da guerra na Síria. Os Estados Unidos estavam cada vez mais temerosos de que tal atitude criasse

6. N. do E.: Quem coordena as orações em público é o imã, enquanto os teólogos cultos são conhecidos como ulemás.

uma situação similar à do Afeganistão nos anos 1980, quando o apoio aos insurgentes terminou produzindo a Al-Qaeda, o Talibã e os jihadistas. O chefe da inteligência norte-americana, James Clapper, estimou que o número de combatentes estrangeiros na Síria, vindos principalmente do mundo árabe, chegava a sete mil.

O secretário de Estado John Kerry criticou, em caráter privado, o príncipe Bandar bin Sultan, chefe da inteligência saudita a partir de 2012 e ex-embaixador de seu país em Washington, que articulava a campanha para derrubar o governo Assad. O príncipe Bandar reagiu, denunciando o presidente Obama por não intervir militarmente na Síria quando armas químicas foram usadas contra civis.

Porém, estava claro que os próprios sauditas passaram a se preocupar com a possibilidade de os jihadistas – que eles haviam anteriormente autorizado a deixar o país para somar-se à guerra na Síria – retornarem com suas armas e ameaçarem os dirigentes do reino. Em fevereiro e março de 2014, numa reviravolta abrupta em relação à política anterior, a Arábia Saudita tentou interromper o fluxo de jihadistas que partiam em direção à Síria e apelou a todos os outros combatentes para que deixassem o país. O rei Abdullah baixou decreto considerando um crime, para os sauditas, participar de conflitos no exterior. O chefe da inteligência, príncipe Bandar bin Sultan, que estivera encarregado de organizar, financiar e abastecer grupos jihadistas, foi deslocado inesperadamente da supervisão da política em relação à Síria e substituído pelo ministro do interior, Mohammed bin Nayef, que tinha melhor relacionamento com os Estados Unidos e era conhecido por sua campanha contra a Al-Qaeda na Península Arábica.

O príncipe Miteb bin Abdullah, filho do rei Abdullah e chefe da Guarda Nacional Saudita, também desempenhou um papel na reformulação de uma política para a Síria. As diferenças da Arábia Saudita em relação a outras monarquias do Golfo Pérsico estavam tornando-se mais explícitas quando os sauditas do Bahrein e Emirados Árabes retiraram seus embaixadores do Qatar, em março de 2014. Isso ocorreu principalmente devido ao apoio do Qatar à Irmandade Muçulmana no Egito, mas também devido ao financiamento e abastecimento dos grupos jihadistas sem controle na Síria.

Por volta de março de 2014, o subsecretário norte-americano para Terrorismo e Inteligência Financeira, David Cohen, cumprimentou a Arábia Saudita pelos progressos no corte das fontes de financiamento da Al-Qaeda em suas próprias fronteiras. Porém, advertiu que outros grupos jihadistas ainda eram capazes de mobilizar financiadores no reino. Ele também frisou que a Arábia Saudita não era a única das monarquias do Golfo a apoiar os jihadistas, lembrando de maneira amarga que "nosso aliado Kwait tornou-se o epicentro do levantamento de recursos para grupos terroristas na Síria. Cohen queixou-se particularmente da indicação de Nayef al-Ajmi para os postos de ministro de Financiamento Islâmico e de Assuntos Islâmicos, destacando que "ele tem um passado de promoção da jihad na Síria". Na verdade, sua imagem aparece nos cartazes que apoiam a captação de recursos como um destacado financiador da Frente al-Nusra". Sob pressão dos Estados Unidos, ele foi forçado a renunciar.

É provavelmente muito tarde para que a Arábia Saudita execute uma reversão total de seu apoio aos jihadistas na Síria. As mídias sociais jihadistas agora atacam abertamente a família real saudita. Uma foto do rei Abdullah condecorando o presidente George W. Bush, há anos, aparece com legenda capciosa: "Medalha por invadir dois países islâmicos". Outra foto, mais ameaçadora, numa conta de Twitter, foi feita atrás de um caminhão. Mostra combatentes armados e mascarados, com a seguinte legenda: "Com a graça de Deus, entraremos na Península Arábica assim: hoje, o Oriente; amanhã al Qurayat e Arrar [duas cidades do norte da Arábia Saudita]."

Certamente, os líderes xiitas duvidam que a reviravolta saudita tenha ocorrido num nível suficientemente profundo. Yousif al-Khoei, que dirige o Centro para Estudos Acadêmicos Xiitas, diz: "As recentes fatwas sauditas que deslegitimam os homens-bombas são um passo positivo, mas os sauditas precisam agir com seriedade para reformar seu sistema educacional, que demoniza xiitas, sufistas, cristãos, judeus e outras religiões ou seitas. Precisam interromper a pregação de ódio em inúmeras rádios por satélite e deixar de permitir que os pregadores do ódio atuem livremente nas mídias sociais".

Os líderes xiitas citam diversas fatwas lançadas por clérigos sauditas em que aparecem como alvo, como supostamente não muçulmanos. Uma delas declara: "Propor proximidade entre xiitas e sunitas é similar à proximidade entre o Islã e a Cristandade". As igrejas cristãs são consideradas, pelos adeptos do wahabismo, lugares de idolatria e politeísmo, devido às imagens de Jesus e sua mãe e ao uso da cruz, vistos como sinais de que os adeptos da religião não oram para um único Deus. Tal visão não está confinada à Arábia Saudita. No Bahrein, 71 clérigos sunitas pediram que o governo retirasse a permissão para construção de uma igreja cristã. No mesmo país, em 2011, quando a família real al-Khalifa esmagou os protestos pró-democracia promovidos pela maioria xiita, o primeiro ato das forças de segurança foi destruir dezenas de mesquitas, templos e túmulos de homens sagrados para esse ramo do islamismo, sob alegação de que não haviam recebido as licenças de construção corretas.

A "wahabização" da corrente principal do Islã sunita é um dos movimentos mais perigosos de nossa era. Al Allawi, historiador e especialista em disputas sectárias, diz que, país após país, as comunidades sunitas "adotaram princípios do wahabismo que não eram inicialmente parte de seus cânones". Um aspecto crucial na ascensão do wahabismo é o poder financeiro e político da Arábia Saudita. Allawi diz que, por exemplo, se um muçulmano piedoso quiser fundar um seminário ou mesquita em qualquer lugar do mundo, não há muitos locais fora da Arábia Saudita em que possa obter 30 mil dólares. Entretanto, se a mesma pessoa desejar opor-se ao wahabismo, terá de "lutar com recursos limitados". O resultado é um aprofundamento do sectarismo, à medida que os xiitas são rotulados como não muçulmanos, e estes, de qualquer credo, são forçados a fugir, a ponto de países como o Iraque e a Síria estarem perdendo suas comunidades cristãs, que existiram por mais de dois mil anos.

Para Allawi, é ingênuo imaginar que pequenas minorias xiitas, em países como a Malásia ou o Egito, não tenham sofrido a desaprovação das maiorias sunitas, mas só recentemente elas foram perseguidas e marginalizadas. Ele diz que muitos xiitas vivem agora a sensação de um desastre iminente, "como os judeus na Alemanha, em 1935". Assim como na propaganda antissemita europeia, há décadas, os xiitas são demonizados por supostamente adotarem práticas abomináveis, como o incesto ritual. Numa cidade próxima ao Cairo, em 2013, quatro homens xiitas foram assassinados por uma multidão quando realizavam, em uma casa, suas cerimônias religiosas tradicionais.

"O wahabismo tenta ignorar todo o *corpus* do ensinamento islâmico nos últimos 1.400 anos", diz Allawi. A ideologia dos movimentos do tipo Al-Qaeda no Iraque e na Síria não é exatamente a mesma do wahabismo, mas suas crenças são similares, apenas levadas ao extremo. Há debates bizarros sobre se é proibido aplaudir ou o uso obrigatório de sutiãs pelas mulheres. Assim como o Boko Haram, na Nigéria, os militantes no Iraque e Síria não veem proibição religiosa na escravização das mulheres como despojos de guerra.

Há sinais de que os governantes sauditas podem arrepender-se de ter dado tanto apoio aos jihadistas, em sua tentativa de derrubar o presidente Assad na Síria. Por exemplo, no início de 2014, eles convidaram o ministro das Relações Exteriores do Irã a visitar o reino. No entanto, pode ser muito tarde: tendo ouvido seu governo denunciar Assad como a raiz do mal na Síria, os jihadistas sauditas julgam "traição hipócrita" as atitudes do mesmo governo, que agora os ameaça com prisão quando regressam a seu país.

VIII.

SE SANGRAR, É MANCHETE

As quatro guerras travadas no Afeganistão, Iraque, Líbia e Síria nos últimos doze anos envolveram invariavelmente intervenções estrangeiras, abertas ou encobertas, em países profundamente divididos. Em cada caso, o envolvimento do Ocidente exacerbou diferenças preexistentes e empurrou partes hostis para a guerra civil. Em cada país, toda a oposição ou parte dela foi composta de combatentes jihadistas "hard-core". Quaisquer que fossem os temas reais em disputa, os políticos apresentavam as intervenções como primordialmente humanitárias, em apoio a forças populares que confrontavam ditadores. Apesar do aparente sucesso militar, em nenhum dos casos a oposição e seus apoiadores foram capazes de consolidar o poder ou estabelecer Estados estáveis.

Todavia, outras similaridades conectam os quatro conflitos: mais do que confrontos armados, todos eles foram embates de propaganda, em que jornalistas de meios impressos, TVs e rádios exerceram um papel central. Em todas as guerras, há uma diferença entre o que é reportado e o que de fato ocorreu, mas nessas quatro campanhas o mundo exterior foi brindado com informações completamente erradas, inclusive sobre a identidade dos vitoriosos e dos derrotados.

Em 2001, os relatos da guerra afegã davam a impressão de que o Talibã havia sido decisivamente abatido, apesar de muito pouco combate. Em 2003, acreditou-se no Ocidente que as forças de Saddam Hussein haviam sido esmagadas, quando na verdade o exército iraquiano, inclusive as unidades de elite da Guarda Republicana Especial, haviam simplesmente debandado e voltado para casa. Na Líbia, em 2011, os milicianos rebeldes, tão frequentemente vistos na TV disparando metralhadoras montadas sobre caminhonetes em direção ao inimigo, tiveram um papel limitado na derrubada de Muammar Gaddafi, que foi atingido principalmente pelos ataques aéreos da OTAN. Quanto à Síria, em 2011 e 2012, governantes e jornalistas estrangeiros profetizaram, repetidamente e em vão, a iminente derrota de Bashar al-Assad.

Esses equívocos explicam por que houve tantas surpresas e reversões inesperadas dos fatos. O Talibã reergueu-se em 2006 por não ter sido derrotado, como compreensivelmente imaginava o resto do mundo. No final de 2001, pude dirigir, atemorizado, mas em segurança, de Kabul a Kandahar, mas quando tentei fazer o mesmo trajeto, em 2011, não pude avançar rumo ao sul, além do último posto policial nos subúrbios de Kabul. Em Trípoli, dois anos atrás, os hotéis estavam lotados de jornalistas cobrindo a queda de Gaddafi e o triunfo das milícias rebeldes. Entretanto, a autoridade estatal não foi restaurada desde então. No verão de 2013, a Líbia quase interrompeu as exportações de petróleo, porque seus principais portos no Mediterrâneo haviam sido ocupados após um motim entre milicianos. O primeiro-ministro, Ali Zeidan, ameaçou bombardear "do ar e dos mares" os navios petroleiros que os milicianos usavam para vender combustível no mercado negro. Não demorou muito tempo para que ele próprio fosse forçado a fugir do país.

A queda da Líbia em direção à anarquia foi escassamente coberta pela mídia internacional. Esta havia se deslocado à Síria e em seguida ao Egito. O Iraque, onde foram montados há alguns anos escritórios de imprensa, também foi excluído do mapa da mídia, embora cerca de mil habitantes sejam mortos a cada mês, principalmente como resultado do bombardeio de alvos civis. Quando choveu durante alguns dias em Bagdá, em janeiro de 2014, o sistema de drenagem, supostamente restaurado a um custo de sete bilhões de dólares, não resistiu: algumas ruas ficaram inundadas, até a altura dos joelhos, com água suja e esgotos. Na Síria, muitos combatentes da oposição, que haviam lutado heroicamente para defender suas comunidades, converteram-se em bandidos autorizados quando tomaram o poder em enclaves controlados por rebeldes.

Não é que os repórteres estivessem factualmente incorretos ao descrever o que haviam presenciado. Contudo, o próprio termo "repórter de guerra", embora não seja usado com frequência pelos próprios jornalistas, ajuda a explicar a causa do problema. Além de sua conotação "macho", ele sugere a impressão errada de que os conflitos podem ser descritos adequadamente quando se volta o foco para o combate militar. As guerras irregulares, ou de guerrilha, são sempre intensamente políticas. Um exemplo clássico refere-se aos estranhos conflitos cheios de interrupções que se seguiram ao 11 de Setembro. Isso não significa desprezar o que ocorreu no campo de batalha, mas indica que esses acontecimentos exigem interpretação. Em 2003, as TVs mostraram colunas de tanques iraquianos esmagados e em chamas, após os ataques norte-americanos na autoestrada principal a norte de Bagdá. Se não fosse pelo cenário de deserto, os telespectadores poderiam estar observando imagens do exército alemão derrotado na Normandia, em 1944. Porém, subi em alguns dos tanques e pude constatar que haviam sido abandonados muito antes de serem atingidos. Era algo importante, porque mostrava que o exército iraquiano não estava preparado para lutar e morrer por Saddam. Também permitia prever o futuro da ocupação. Os soldados iraquianos, que não se viam como derrotados, esperavam manter seus empregos numa era de Iraque pós-Saddam, mas se encolerizaram quando os Estados Unidos dissolveram seu exército. Oficiais bem treinados mergulharam na resistência, com consequências devastadoras para as forças de ocupação: um ano depois, os norte-americanos controlavam apenas ilhas territoriais no Iraque.

Num aspecto, a reportagem de guerra é mais fácil do que outros tipos de jornalismo: o melodrama dos eventos conduz a história e atrai uma audiência. Pode ser arriscado às vezes, mas o correspondente conversando com a câmera, com bombas explodindo e veículos militares em chamas ao fundo, sabe que seu relato aparecerá com grande destaque em qualquer noticiário. "Se sangrar, é manchete" é um velho adágio da mídia norte-americana.[7]

O drama das batalhas inevitavelmente domina as notícias, mas a cobertura torna-se simplória se apenas parte do que está ocorrendo é revelada. Essas ultrassimplificações foram especialmente rígidas e enganosas no Afeganistão e Iraque, quando se juntaram à propaganda política que demonizou primeiramente o Talibã e, depois, Saddan Hussein como encarnações do mal. Elas ajudaram a apresentar o conflito em preto e branco, como guerra entre o bem e o mal, algo que foi particularmente fácil nos Estados Unidos, em meio à atmosfera histérica que se formou após o 11 de Setembro. As insuficiências paralisantes da oposição nos dois países foram simplesmente ignoradas.

---

7. N. do E.: "If it bleeds, it leads", em inglês.

Por volta de 2011, a complexidade dos conflitos no Iraque e Afeganistão era evidente para os jornalistas em Bagdá e Kabul, ainda que não necessariamente para os editores em Londres e Nova York. No entanto, a reportagem das guerras na Líbia e Síria estava demonstrando uma forma de ingenuidade da mesma magnitude, ainda que diferente. Prevaleceu uma versão do espírito de 1968: os antagonistas que reprimiam a Primavera Árabe eram subitamente considerados obsoletos, um admirável mundo novo estava sendo criado em velocidade trepidante. Os analistas sugeriam, otimistas, que, na era da televisão por satélite e da internet, as formas tradicionais de repressão, censura, encarceramento, tortura e execução não poderiam mais garantir o poder de um Estado policial e até se tornariam contraproducentes. O controle estatal da informação e da comunicação havia sido subvertido por blogs e telefones móveis, e o YouTube fornecia os meios para expor, da forma mais imediata e gráfica possível, os crimes e violência das forças de segurança.

Em março de 2011, prisões em massa e tortura esmagaram sem muito esforço um movimento pró-democracia no Bahrein. Inovações nas tecnologias de informação podem ter alterado o cenário marginalmente, em favor da oposição, mas não a ponto de evitar a contrarrevolução, como deixou claro o golpe militar no Egito, em 3 de julho de 2013. O sucesso inicial das manifestações produziu excesso de confiança e aposta exagerada na ação espontânea. Foi desprezada a necessidade de liderança, organização, unidade e políticas que não se limitassem a uma agenda humanitária vaga.

A História, inclusive a dos próprios países implicados, tinha pouco a ensinar a essa geração de radicais e aspirantes revolucionários. Eles nada aprenderam com o que ocorrera quando Nasser tomou o poder no Egito, em 1952, e não se perguntaram se os levantes árabes de 2011 poderiam ter paralelos com as revoluções europeias de 1848: vitórias fáceis que também foram facilmente revertidas. Muitos membros da inteligência na Líbia e Síria pareciam viver e pensar encerrados na câmara de ressonância da internet. Poucos expressavam ideias práticas sobre o caminho à frente.

A convicção de que um governo envenenado é a raiz de todo o mal constitui a posição pública da maior parte das oposições, mas é perigoso acreditar em sua própria propaganda. A oposição iraquiana genuinamente acreditava que os problemas sectários e éticos do Iraque derivavam de Saddam Hussein e que tudo ficaria bem assim que ele fosse afastado. As oposições na Líbia e Síria pensavam que os regimes de Gaddafi e Assad eram tão escancaradamente maus que havia se tornado desnecessário questionar se seus substitutos seriam melhores. Repórteres estrangeiros compartilhavam amplamente essas opiniões. Lembro-me de quando mencionei alguns dos problemas dos milicianos líbios para uma jornalista ocidental. "Você precisa lembrar-se quem são os rapazes do bem", respondeu ela, repreendendo-me.

Podiam ser bons rapazes, mas havia algo estranho relacionado à facilidade com que os oposicionistas ofereciam postos favoráveis à mídia, seja na Praça Tahrir ou nas linhas de frente na Líbia. Os manifestantes em Benghazi, segunda maior cidade da Líbia, empunhavam cartazes escritos em inglês perfeito, que eles próprios não podiam ler, para deleite dos espectadores da TV. Em Addabiya, duas horas de carro ao sul de Benghazi, pela estrada costeira principal, os jornalistas estrangeiros frequentemente superestimavam o número de combatentes da oposição, e os câmeras tinham de posicionar seus correspondentes para que a predominância da imprensa não se tornasse evidente para quem assistia aos programas. O maior perigo era ser conduzido sobre uma pick-up equipada com metralhadora: os condutores quase sempre entravam em pânico quando uma bomba explodia à distância. Os milicianos líbios eram efetivos quando lutavam por suas próprias cidades e redutos, mas sem um guarda-chuva aéreo não teriam durado mais do que algumas semanas. O foco da mídia em colorir o confronto desviou a atenção do fato central: Gaddafi foi derrubado por uma intervenção militar conduzida por Estados Unidos, Grã-Bretanha e França.

Não há surpresa alguma nisso. As aparições públicas de políticos ocidentais junto a crianças sorridentes ou soldados triunfantes são invariavelmente produzidas para forjar cenários favoráveis. Por que os rebeldes árabes não teriam as mesmas habilidades em relações públicas? O problema é que os repórteres muito rapidamente aceitaram e difundiram as histórias de atrocidades contadas pela oposição.

Na Líbia, uma das narrativas mais influentes descrevia a violação em massa de mulheres, em áreas rebeldes, por soldados do governo que agiam sob ordens superiores. Uma psicóloga assegurava ter distribuído 70 mil questionários em áreas rebeldes, dos quais 60 mil haviam sido preenchidos e devolvidos. Havia 259 casos de mulheres afirmando que tinham sido estupradas: a psicóloga afirmava ter entrevistado 140 delas. Era claramente implausível que estatísticas tão precisas tivessem sido apuradas na anarquia do leste do país, mas a história foi repetida de maneira acrítica, contribuindo em muito para converter Gaddafi num pária. Foram vastamente ignorados os relatos produzidos cerca de um mês depois pela Anistia Internacional, Human Rights Watch e uma comissão da ONU, assegurando não haver evidência alguma do que fora relatado – algo que parece não passar de um estratagema de propaganda muito bem-sucedido.

Em outra ocasião, os rebeldes apresentaram os corpos de oito soldados do governo. Asseguraram que haviam sido mortos por seus próprios companheiros, quando tentavam passar para o lado da oposição. Mais tarde, a Anistia Internacional desenterrou um vídeo que mostra os oito homens vivos, após serem capturados por rebeldes. Eles foram certamente assassinados pouco antes de sua apresentação, e as mortes atribuídas às forças de Gaddafi.

O ingrediente essencial de uma boa história de atrocidades é ser chocante e não refutável imediatamente. Em 1990, foi amplamente relatado que bebês kuwaitianos haviam sido arrancados de incubadoras hospitalares por soldados iraquianos e abandonados no chão. De repercussão imensa, à época, a história só caiu em descrédito quando se descobriu que a pessoa que assegurava ter testemunhado a cena era a filha do embaixador kuwaitiano em Washington, que sequer tinha passado pelo hospital à época. Os repórteres podem ter suas suspeitas, mas é quase impossível desmentir esses relatos de pronto. Eles também sabem: seus editores não gostam de admitir que uma história colorida, que os competidores provavelmente colocarão no ar, seja provavelmente falsa. É fácil culpar "a névoa da guerra" e é verdade que todo conflito envolve acontecimentos confusos e mutantes, cujas narrativas não podem ser checadas. Todos os envolvidos numa guerra têm um motivo mais forte do que de costume para distorcer seus próprios feitos e falhas, e é usualmente difícil contestar seu comportamento. Ele quase nunca é notícia. "Alguma vez lhe ocorreu, senhor, que enorme oportunidade uma guerra oferece a um mentiroso?", perguntou certa vez o general confederado Stonewall Jackson para um auxiliar.

Quando as pessoas estão atirando umas nas outras, é evidentemente perigoso permanecer no local o tempo suficiente para saber o que realmente está ocorrendo. Na Síria, estava entrevistando, em junho de 2014, o governador de Homs, quando ele inesperadamente afirmou que o exército oficial havia tomado uma cidade antes controlada pela oposição, chamada Tal Kalakh, na fronteira com o Líbano. Sugeriu que eu fosse e visse. A oposição dizia que uma batalha feroz estava em curso e a Al-Jazeera relatava que cortinas de fumaça elevavam-se da cidade. Gastei três horas dirigindo em torno de Tal Kalakh, que estava sob completo controle governamental, e não ouvi um único tiro ou vi fumaça alguma. Parte da cidade havia sido fortemente atingida por bombardeio e as ruas estavam vazias, embora um simpatizante do governo dissesse que era por que "as pessoas estavam fazendo sua sesta".

Em Damasco, hospedei-me no distrito cristão de Bab Touma, alvo de bombas-morteiros disparadas a partir de distritos rebeldes. Um amigo ligou para dizer que quatro pessoas haviam sido mortas por um homem-bomba a algumas centenas de metros dali. Fui ao local imediatamente e vi um corpo sob um cobertor branco; do outro lado da rua havia uma pequena cratera, que parecia ter sido feita pela explosão de um morteiro. A TV estatal síria insistia em dizer que o homem era um suicida, tendo por alvo uma igreja cristã; até seu nome foi fornecido. Por algum tempo, foi impossível saber o que havia acontecido exatamente: a cobertura da CCTV[8], feita na rua, mostrava a queda de uma bomba, delineada por um instante em contraste com a camisa branca de um transeunte. Ele foi morto de modo instantâneo e identificado erroneamente com um homem-bomba. A TV síria mais tarde desculpou-se pelo ocorrido.

Em cada um desses casos, viés político e erros comuns combinaram-se para produzir uma visão deturpada dos acontecimentos, mas tinham muito pouco a ver com a "névoa da guerra". O que realmente se pode depreender é que não há alternativa à reportagem em primeira mão. Os jornalistas raramente admitem por completo, para si mesmos ou para outros, o grau em que dependem de fontes secundárias e dos interesses próprios.

O problema torna-se mais complexo porque as pessoas que se veem em meio a eventos jornalisticamente importantes tendem a se considerar mais informadas do que são. Os sobreviventes de atentados suicidas em Bagdá eram capazes de me descrever em detalhes a expressão facial do homem-bomba momentos antes de ele detonar os explosivos, esquecendo-se de que, se estivessem tão próximas, teriam morrido. As melhores testemunhas eram garotos vendedores de cigarros, sempre de olho em possíveis consumidores. Na verdade, a guerra não é muito mais nebulosa do que a paz – e às vezes é menos. É difícil esconder os acontecimentos importantes, porque milhares de pessoas são afetadas por eles. E, começada a luta, as autoridades tornam-se cada vez menos capazes de monitorar e bloquear os movimentos dos jornalistas. É difícil manter segredos sobre quem controla qual

---

8. N.do E.: Chinese Central Television (CCTV) é a maior rede de televisão da República Popular da China. Iniciou suas transmissões em 2 de setembro de 1958. Sua sede fica na cidade de Pequim.

território e quem está vencendo ou perdendo. Em momentos de perigo, seja em Belfast, Basra ou Damasco, as pessoas tornam-se agudamente conscientes de qualquer ameaça a suas vizinhanças, sejam elas mínimas, como a aparição de um novo rosto, ou eloquentes, como a chegada de uma unidade militar. Um governo ou um exército podem tentar manter segredo afastando os repórteres, mas pagarão o preço, pois o vazio de informações será preenchido pelos relatos dos inimigos. O governo sírio colocou-se em desvantagem ao negar vistos à maioria dos jornalistas estrangeiros, algo que só recentemente começou a ser revertido.

À medida que o perigo crescia no Iraque, após 2003, espalhou-se um rumor segundo o qual os repórteres estrangeiros não eram testemunhas reais. Eles haviam se limitado a produzir "jornalismo de hotel", nunca indo além de três ou quatro hotéis bem fortificados. Isso nunca foi verdade. Além do fato de esses locais serem alvos frequentes de homens-bombas, os jornalistas que temiam sair tomavam a precaução inteligente de não ir a Bagdá pela primeira vez. Eu costumava pensar que os profissionais mais suscetíveis a serem mortos ou sequestrados eram os inexperientes, os que aceitavam riscos ultrajantes ao tentar fazer seu nome. Porém, os melhores repórteres de guerra que conheci morreram, como David Blundy, em El Salvador, em 1989, e Marie Colvin, na Síria, em 2012. Ambos eram muito experientes. Seu único erro foi ir tão frequentemente a lugares perigosos, nos quais havia um grande risco de um dia serem atingidos por uma bala ou uma bomba.

Lutas de guerrilha confusas e bombardeios esporádicos de artilharia, em guerras sem fronteiras claras, são particularmente perigosos. Em 2004, quase fui morto em Kufa, no Eufrates, por milicianos xiitas, alvoroçados após terem combatido contra marines norte-americanos pouco mais cedo. Suspeitando do adorno de cabeça local que eu usava, estavam prestes a decidir que eu era um espião. Tinha vestido o adorno como um disfarce básico, para viajar por vilarejos controlados por sunitas, na estrada entre Kufa e Bagdá.

A ideia de que jornalistas estrangeiros simplesmente escondem-se em seus hotéis em Damasco, Bagdá ou Kabul é absurda. Uma crítica mais substantiva é que eles escrevem muito sobre tiroteios e batalhas, os fogos de artifício da guerra, enquanto se esquecem do cenário mais amplo que pode determinar o desfecho. "Meu jornal não faz o que chama de jornalismo bangue-bangue", afirmava com grandiloquência um correspondente, explicando por que nenhum de seus colegas cobria o combate na Síria em primeira mão. Porém, o "bangue-bangue" importa: a guerra não pode ser explicada sem a política, mas a política não pode ser compreendida sem a guerra. No início da ocupação do Iraque, fui à estação elétrica Dohra, em Bagdá, depois que um soldado norte-americano foi morto e outro ferido. Foi um incidente pequeno numa guerra de guerrilhas incipiente, mas a aprovação dos moradores locais, em torno da piscina de sangue seco, era significativa. "Somos muito pobres, mas vamos celebrar cozinhando uma galinha", disse um homem. "Se Deus quiser, haverá mais ações como esta".

Estar "embutido" com os exércitos norte-americano ou britânico significava que os jornalistas terminavam vivendo as mesmas experiências dos soldados e pensando, em boa medida, as mesmas coisas. É difícil não se identificar com pessoas que são importantes para sua segurança e com as quais se compartilha perigos comuns.

Os exércitos preferem o sistema de "embutir", em parte, porque podem favorecer os repórteres mais simpáticos e excluir os críticos. Para os jornalistas, ao contrário do que supõe a intuição, significa perder partes cruciais da guerra, já que um comandante experimentado de guerrilha irá, naturalmente, atacar onde as forças inimigas estiverem ausentes e enfraquecidas.

Qualquer um "embutido" com o exército tenderá a estar no lugar errado, na hora errada. Em 2004, quando os marines norte-americanos atacaram a cidade de Fallujah, matando muitos insurgentes, eles estavam acompanhados pela maior parte do corpo de imprensa em Bagdá. Foi uma vitória famosa e muito divulgada. No entanto, o contra-ataque dos insurgentes, a captura de Mosul, uma cidade muito maior no norte do país, da qual os soldados norte-americanos haviam se retirado, foi amplamente ignorada pela mídia à época. Quando Mosul caiu pela segunda vez, em junho de 2014, poucos comentaristas sequer mencionaram que havia sido ocupada por insurgentes dez anos antes ou levaram em conta a implicação desse fato: o controle de Bagdá sobre a segunda cidade do país e principal reduto dos sunitas urbanos sempre fora precário.

A mudança mais sinistra relacionada à forma como a guerra é percebida na mídia deriva do que foi considerado, há poucos anos, um grande avanço. A televisão por satélite e o uso da informação oferecida pelo YouTube, blogueiros e mídias sociais foram vistos, no início da Primavera Árabe, como capazes de produzir inovações libertadoras. O monopólio de informação imposto por Estados policiais, da Tunísia ao Egito e ao Bahrein, tinha sido quebrado, mas, como mostrou o desenvolvimento do levante na Síria, a TV por satélite e a internet podem também ser usados para a propaganda e o ódio.

"Metade da jihad é mídia" é um slogan postado num website jihadista. Tomado de maneira ampla, é plenamente correto. As ideias, ações e objetivos dos jihadistas fundamentalistas sunitas são difundidos diariamente por estações de TV via satélite, YouTube, Twitter e Facebook. Enquanto tais meios poderosos de propaganda existirem, grupos similares à Al-Qaeda nunca sofrerão por falta de dinheiro ou recrutas.

Muito do que é disseminado pelos jihadistas é propaganda de ódio contra xiitas e, menos frequentemente, contra cristãos, sufistas e judeus. Pede-se apoio à jihad na Síria, Iraque, Iêmen e em qualquer parte onde a guerra santa esteja sendo conduzida. Uma postagem recente mostra um homem-bomba de olhar romântico, que foi "martirizado" ao conduzir um ataque a um posto de polícia egípcio no Sinai. Na análise sobre uma seleção de postagens online, o que choca não é apenas violência e sectarismo, mas também o profissionalismo com que são produzidas. Os jihadistas podem pregar um retorno às normas do Islã ancestral, mas sua habilidade no uso das comunicações modernas e da internet os coloca muito à frente da maior parte dos movimentos políticos no mundo.

Ao produzir um registro visual de tudo o que faz, o ISIS ampliou enormemente seu impacto político. Seus militantes compreendem o significado das mídias sociais e filmes bem feitos e aterrorizadores para ilustrar o compromisso de seus lutadores, quando identificam e matam seus inimigos. A postura do governo iraquiano diante da mídia é radicalmente distinta: tenta manter a moral, reduzindo os êxitos do ISIS, enfatizando o patriotismo e sustentando que Bagdá nunca cairá. Propaganda pura desse tipo leva os espectadores, frequentemente, a mudar para a rede de TV Al-Abrabya, baseada em Dubai, mas mantida por sauditas, ou para outros canais que cobrem os eventos no país, o que dá vantagens à propaganda do ISIS.

Em contraste com a sofisticação da produção técnica feita pelos militantes, o conteúdo é, com frequência, cruamente sectário e violento. Tome, por exemplo, três imagens do Iraque. A primeira mostra dois homens uniformizados, as mãos amarradas atrás das costas, mortos e estendidos no que parece ser um chão de cimento. O sangue escorre de suas cabeças, como se tivessem sido baleados ou degolados. A legenda diz: "Não há remédio para os xiitas, exceto a espada – Vitórias de Anbar".

A segunda mostra dois homens armados ao lado de dois corpos, identificados pela legenda como membros do movimento Despertar Sunita, que atua contra a Al-Qaeda na província iraquiana de Salah a-Din. A terceira exibe um grupo de soldados iraquianos empunhando uma bandeira regimental, mas com os dizeres trocados, para torná-los ofensivos aos sunitas: "Deus maldiga Omar e Abu Bakr" (dois dos primeiros líderes sunitas).

Esse tipo de postagem na internet inclui frequentemente pedidos de dinheiro, lançados por clérigos e políticos sunitas, para financiar os combatentes jihadistas. Um desses apelos assegurava ter arrecadado 2,5 mil dólares para cada um dos 12 mil combatentes que o grupo responsável pela ação enviaria à Síria. Outro incluía uma imagem de sete prateleiras, como numa loja de varejo, mas que, se examinadas mais de perto, revelavam uma variedade diferente de granadas. A legenda sob a fotografia dizia: "Os remédios dos mujahadin para os xiitas". As imagens do ISIS também mostraram prisioneiros conduzidos por combatentes mascarados lotando caminhões e depois forçados a deitar com as faces para baixo em valas superficiais, com suas mãos amarradas nas costas. As imagens finais mostram os corpos ensanguentados dos soldados capturados, provavelmente xiitas, que compõem o grosso dos recrutas iraquianos. A legenda indicava que o massacre era uma revanche pela morte de um comandante do ISIS, Abdul-Rahman al-Beilawy, anunciada pouco antes da ofensiva surpresa com a qual o grupo varreu o norte do Iraque, capturando os redutos sunitas de Mosul e Tikrit, em meados de junho de 2014.

Os jihadistas não usam apenas contas no Twitter e Facebook. Duas estações de TV – Safa e Wesal – baseadas no Egito, mas financiadas pela Arábia Saudita e Kuwait, ao que se diz, empregam jornalistas e comentaristas hostis aos xiitas. A Wesal transmite em cinco línguas: árabe, farsi, curdo, indonésio e hausa. A resposta do governo iraquiano foi fechar algumas "emissoras de TV inimigas", assim como o Facebook, YouTube, Twitter e outros serviços de internet, embora a população seja rápida em encontrar meios para contornar a censura oficial.

Seguidores do ISIS continuamente inundam o Twitter com imagens dos corpos de seus inimigos, mas também usam esse meio para mostrar hospitais em funcionamento e um processo administrativo consultivo. Os pregadores do ódio, do mesmo modo, podem mobilizar grande número de seguidores no YouTube. O xeique Mohammad al-Zughbi, um blogueiro popular no Egito, que produz vídeos, apela a Deus para proteger o país dos "traidores e xiitas criminosos", assim como dos judeus e cruzados. Outro sermão, intitulado "Oh, Síria, a vitória está chegando", diz que o presidente Assad "está buscando apoio dos persas, dos xiitas, dos traidores e dos criminosos xiitas".

Essa retórica poderia ser desconsiderada se dirigida apenas a uma audiência pequena e fanática, mas os números de exibições mostram que são imensamente populares. Observadores dos rebeldes na Síria perceberam quanto tempo eles gastam na internet, usando-a para seguir o que acreditam estar acontecendo em outras regiões em conflito. Evidências suplementares sobre o impacto da TV via satélite e dos websites jihadistas vêm de pessoas aprisionadas no Iraque. Como todos os prisioneiros, eles inclinam-se a dizer o que seus captores querem ouvir. Seus relatos em entrevistas na TV iraquiana soam verdadeiros.

Walled bin Muhammad al-Hadi al-Masmoudi, da Tunísia, terceiro país que mais fornece jihadistas estrangeiros para a Síria, disse a um desses programas que, ao tomar a decisão de ir ao Iraque lutar, estava "profundamente influenciado pelo canal de TV da Al-Jazeera". Junto com outros 13 voluntários da Arábia Saudita, Jordânia e Iêmen, ele não teve dificuldades em chegar até Fallujah. Em outra entrevista, Abdullah Abam Salih al Qahtani, ex-funcionário saudita, afirmou: "A mídia árabe e os websites jihadistas convenceram-me a vir".

Alguns dos retratos de atrocidades que aparecem nas telas de computadores e TVs pelo mundo, supostamente horas depois dos fatos terem ocorrido, são fraudulentos.

Os êxitos do ISIS no Iraque são algumas vezes fabricados com material produzido na Síria ou Líbia, ou mesmo fora do Oriente Médio. Um correspondente no sudeste da Turquia visitou recentemente um campo de refugiados sírio, onde encontrou uma criança de dez anos assistindo a um clipe de YouTube, mostrando dois homens sendo executados com uma motosserra. O comentário afirmava que as vítimas eram sunitas sírios e os assassinos, alawitas. Na verdade, o filme era do México e os assassinatos haviam sido praticados por um chefão das drogas, para intimidar seus rivais.

Essas histórias fraudulentas de atrocidades têm um efeito na guerra: um miliciano líbio que acredite que soldados do governo, contra os quais combate, têm ordens de estuprar sua esposa e filhas não fará muitos prisioneiros. Porém, mais frequentemente, as imagens de assassinato e tortura são precisas. Sua rápida disseminação explica a ferocidade do conflito na Síria e a dificuldade dos participantes para negociar um fim para a guerra civil.

As revoltas da Primavera Árabe foram uma estranha mistura de revolução, contrarrevolução e intervenção externa. A mídia internacional tornou-se, com frequência, muito confusa sobre o que estava acontecendo. Os revolucionários de 2011 tinham muitas falhas, mas eram altamente capazes de influenciar e manipular a cobertura da imprensa. A Praça Tahrir, no Cairo, e mais tarde a Praça Maidan, em Kiev, tornaram-se os teatros nos quais foi encenado um melodrama que opunha as forças do bem às do mal, diante de câmeras de TV.

Bons repórteres ainda assumiam riscos imensos e às vezes pagavam com suas vidas, tentando explicar que existia, nos fatos, mais do que um quadro simplificado, mas houve muita cobertura ruim da mídia, particularmente nos primeiros dois anos da revolta. Um correspondente frisou de modo cáustico que tentar descrever a partir de Beirute os eventos pós-2011 na Síria, tendo rebeldes como fontes, era "como reportar a última eleição presidencial norte-americana do Canadá, baseando-se nos relatos da facção Tea Party do Partido Republicano".

Previsivelmente, tais notícias eram tão enviesadas e inconfiáveis que o curso real dos acontecimentos tornou-se cheio de fatos inesperados e surpresas desagradáveis. Isso provavelmente continuará.

IX.

CHOQUE E GUERRA

Na segunda metade de 2013, comecei a escrever sobre os jihadistas que estavam formando a oposição armada na Síria. Na mesma época, várias evidências mostravam que o Estado Islâmico, anteriormente conhecido como Al-Qaeda no Iraque, ganhava força rapidamente. Meu jornal, *The Independent*, pediu que eu nomeasse um "homem do ano" para o Oriente Médio, e eu escolhi Abu Bakr al-Baghdadi, a sombria figura que havia se tornado líder do grupo em 2010. Alguns dias depois, em 3 de janeiro de 2014, o ISIS chegou a Fallujah. O governo local mostrou-se incapaz de retomar o controle dessa cidade. Isso não pareceu tão alarmante quanto poderia ser. O primeiro-ministro iraquiano enfatizava a ameaça mortal de uma contrarrevolução sunita na província de Anbar, para assustar a maioria xiita e atrair seu voto nas eleições parlamentares de 30 de abril, esquecendo-se da corrupção no governo e da falta de serviços básicos. Achei que o fracasso em recapturar a cidade talvez fosse uma estratégia eleitoral e que um ataque definitivo seria lançado depois das eleições.

Porém, iraquianos bem informados disseram-me que o fracasso na retomada de Fallujah e em derrotar o ISIS em Anbar e no norte do Iraque não fora por falta de tentativas. Ao todo, cinco das 15 divisões do exército iraquiano tinham sido mobilizadas em Anbar. Enfrentaram perdas pesadas e muitas deserções. Os soldados estavam sendo mandados à frente da batalha só com quatro cartuchos de munição para suas AK-47. Passavam fome, porque os comandantes tinham desviado o dinheiro da alimentação, enquanto alguns batalhões estavam atuando com um quarto de suas forças. No Iraque, um país tão rico em petróleo, faltava combustível para os veículos militares. "O exército vem sofrendo uma derrota significativa em Anbar", garantiu-me um ex-ministro iraquiano, em abril.

Apesar desses alertas, fiquei chocado um mês depois, quando, em 10 de junho, Mosul caiu quase sem luta. Todas as histórias depreciativas que eu tinha ouvido sobre o exército iraquiano – como as de que se tratava de uma instituição falsa, na qual os comandantes compravam seus postos para poder enriquecer com propinas e desvios – mostravam-se verdadeiras. Os soldados rasos podem ter fugido em Mosul, mas não tão rapidamente quanto seus generais, que logo apareceram em trajes civis em Arbil, a capital curda. Tornou-se evidente, nos anos anteriores, que o ISIS era comandado por uma mistura arrepiante de fanatismo religioso e eficiência militar. Sua campanha para tomar o norte e o oeste daquele país foi habilmente planejada, escolhendo alvos fáceis e evitando posições bem defendidas, ou, como ele próprio expôs, movendo-se "como uma serpente entre as pedras".

Era evidente que os governos ocidentais tinham interpretado mal a situação no Iraque e na Síria. Por dois anos, políticos iraquianos alertaram quem quisesse escutar que, se a guerra civil continuasse, desestabilizaria o frágil *status quo* do Iraque. Quando Mosul caiu, todo mundo culpou o primeiro-ministro Maliki. Ele realmente tinha muitas perguntas a responder, mas a causa real do fracasso em seu país foi a guerra do outro lado da fronteira. A revolta dos sunitas sírios tinha causado uma explosão similar no Iraque. Maliki tratava as províncias sunitas como um país conquistado, mas os sunitas iraquianos não teriam se levantado novamente sem o exemplo e o incentivo de sua contraparte na Síria. A ascensão do ISIS, que se tornou um grupo capaz de agir como tropa de choque de uma revolta sunita geral, pode ainda ser reversível, mas a sua ofensiva no verão de 2014 possivelmente acabou para sempre com o Estado dominado pelos xiitas, que tinham subido ao poder com a invasão norte-americana de 2003.

A queda de Mosul foi apenas o último de uma série de acontecimentos desagradáveis e inesperados no Oriente Médio, que pegou a comunidade internacional de surpresa. A região sempre foi um terreno traiçoeiro para intervenções estrangeiras, mas muitas das razões para o fracasso do Ocidente em ler a situação política do outro lado do globo são recentes e autoinfligidas. A resposta dos Estados Unidos aos ataques de 11 de Setembro, em 2001, visou alvos errados: Afeganistão e Iraque foram identificados como os Estados hostis a serem derrubados. Enquanto isso, os dois países mais envolvidos com a Al-Qaeda e que favoreciam a ideologia por trás dos ataques – Arábia Saudita e Paquistão – continuavam quase ignorados e autorizados a agir livremente.

Ambos eram aliados antigos dos Estados Unidos e continuaram a ser – independentemente do 11 de Setembro. Agora, a Arábia Saudita pode estar retirando seu patrocínio aos combatentes da guerra santa na Síria e em outras partes do mundo, por medo de um efeito bumerangue dentro do próprio reino. O primeiro-ministro paquistanês, Nawaz Sharif, pode insistir que está fazendo de tudo para livrar os serviços de segurança de sua nação de elementos extremistas, mas até que os norte-americanos e seus aliados no Ocidente reconheçam que esses Estados são fundamentais na promoção do extremismo islâmico, pouco progresso real será feito na batalha para isolar os jihadistas.

E não foram só os governos que entenderam tudo errado. Os reformistas e revolucionários também se enganaram ao considerar os levantes da Primavera Árabe de 2011 como um golpe mortal nos antigos regimes autoritários da região. Por um breve momento, sectarismo e ditadura pareciam estar desmoronando: o mundo árabe estava às portas de um novo futuro, livre de ódio religioso, em que inimigos políticos acertavam suas diferenças em eleições democráticas. Três anos depois, com os movimentos democráticos tendo recuado por toda a região, diante do sucesso da contrarrevolução e de uma violência sectária cada vez maior, esse entusiasmo parece ingênuo. Vale a pena analisar por que alternativas revolucionárias progressistas, em oposição a Estados policiais e movimentos jihadistas como o ISIS, fracassaram tão completamente.

As revoluções e levantes populares de 2011 eram genuínos como quaisquer outros da história, mas a maneira como foram percebidos, em particular no Ocidente, tinha erros muito sérios. O inesperado é da natureza das mudanças revolucionárias. Sempre acreditei que, se eu podia perceber a chegada de uma revolução, o chefe da inteligência das forças de segurança egípcias também podia – e ele faria todo o possível para evitá-la. Revoluções de verdade ocorrem a partir de uma coincidência imprevisível e surpreendente, com eventos de distintas motivações acontecendo ao mesmo tempo, confluindo para derrubar um inimigo comum, como Hosni Mubarak ou Bashar al-Assad.

As raízes políticas, sociais e econômicas dos levantes de 2011 são muito complexas. Isso não ficou óbvio naquele momento, em parte porque os comentaristas estrangeiros exageraram o papel das novas tecnologias de informação nesses eventos. Os manifestantes, habilidosos em propaganda, viram vantagem em apresentar os levantes como revoluções de "veludo". Na vanguarda, estavam blogueiros e tuiteiros educados e falantes de inglês. O propósito deles: sugerir ao público do Ocidente que os novos revolucionários eram parecidos com ele, e que os acontecimentos no Oriente Médio, em pleno 2011, eram algo como os levantes anticomunistas e pró-Ocidente no leste Europeu depois de 1989.

As exigências da oposição eram apenas sobre liberdades pessoais. Desigualdades sociais e econômicas foram raramente declaradas questões pertinentes, mesmo quando eram as razões da ira popular contra o *status quo.* Um ano antes da revolta síria, o centro de Damasco continuava cheio de lojas e restaurantes chiques, enquanto a maioria dos sírios via seus salários estagnados, em contraste com a alta nos preços. Agricultores, arruinados por quatro anos de seca, estavam se mudando para favelas na periferia das cidades. A ONU reportou que algo entre dois milhões e três milhões de sírios estavam vivendo em "pobreza extrema". Pequenas fábricas estavam fechando por causa da concorrência das importações mais baratas da Turquia e China. A liberalização econômica, elogiada pelos capitais estrangeiros, concentrava rapidamente riquezas nas mãos de poucas pessoas bem relacionadas politicamente. Mesmo membros da Mukhabarat, a polícia secreta, tentavam sobreviver com 200 dólares por mês.

Um relatório do International Crisis Group apontou que a elite governante síria "tinha herdado poder em vez de ter lutado por ele e imitava a classe alta urbana". O mesmo aconteceu com as famílias quase monárquicas e seus associados que operavam de maneira parecida no Egito, Líbia e Iraque. Confiantes na proteção de seus Estados policiais, elas ignoraram o sofrimento do resto da população, especialmente dos numerosos jovens subempregados, apesar de bem formados, que quase não acreditavam mais que poderiam ter uma vida melhor.

Uma ilusão simplória, de que a maioria dos problemas desapareceria quando democracias tivessem substituído os antigos Estados policiais, estava instalada no centro dos novos governos reformistas no Oriente Médio – seja no Iraque, em 2005, ou na Líbia, em 2011. Movimentos de oposição, perseguidos localmente, ou vivendo à míngua no exílio, foram tranquilizados por tal noção, e era fácil vender a narrativa aos patrocinadores estrangeiros.

No entanto, uma grande desvantagem desse modo de ver as coisas foi que Saddam, Assad e Gaddafi foram tão demonizados que se tornou impossível criar qualquer coisa próxima de um compromisso ou transição pacífica do velho para o novo regime. No Iraque, em 2003, ex-membros do Partido Baath foram demitidos, empobrecendo assim uma grande parte da população, que não teve alternativa a não ser lutar. A oposição síria recusou-se a participar das negociações de paz em Genebra, em 2014, enquanto Assad tivesse qualquer papel nelas – apesar das áreas do país sob controle do regime reunirem a maioria da população. Essas políticas de exclusão eram também uma maneira de garantir empregos para os garotos da oposição, mas acabaram aprofundando divisões sectárias, étnicas e tribais, fornecendo mais ingredientes à guerra civil.

Qual cola poderia manter juntos esses Estados pós-revolucionários? O nacionalismo não é bem visto no Ocidente, considerado uma máscara do racismo e do militarismo, supostamente fora de moda numa era de globalização e intervenções humanitárias. Porém, as intervenções no Iraque em 2003 e na Líbia em 2011 acabaram sendo muitos similares às conquistas imperialistas do século XIX. Houve discussões bizarras sobre "construção de nações" a serem realizadas ou assistidas por potências estrangeiras que claramente tinham seus próprios interesses em mente, assim como a Inglaterra quando Lloyd George orquestrou a partilha do Império Otomano.

Uma justificativa para os líderes árabes que tomaram o poder nos anos 1960 é que eles poderiam criar Estados poderosos, capazes, finalmente, de dar realidade à independência nacional. E eles não fracassaram totalmente. Gaddafi teve um papel crucial na elevação dos preços do petróleo em 1973, e Hafez al-Assad, pai de Bashar, que tinha tomado o poder na Síria dois anos antes, criou um Estado que pôde manter-se numa prolongada luta contra Israel pela predominância no Líbano. Para os oponentes desses regimes, nacionalismo era simplesmente um plano de propaganda de ditadores implacáveis, preocupados apenas em manter seu poder. No entanto, sem o nacionalismo – mesmo em lugares onde a união da nação é quase uma ficção histórica –, falta uma ideologia que permita aos Estados disputarem o foco de lealdade com seitas religiosas e grupos étnicos.

É fácil criticar os rebeldes e reformistas do mundo árabe por fracassarem em resolver os dilemas que enfrentavam ao derrubar o *status quo*. Suas ações parecem confusas e pouco efetivas quando comparadas com a revolução de Cuba ou a luta pela libertação no Vietnã, mas o terreno político no qual eles tiveram de operar nos últimos 20 anos era particularmente traiçoeiro. A dissolução da União Soviética, em 1991, significou que o endosso ou tolerância dos Estados Unidos – e só deste país – era crucial para a tomada do poder. Nasser pôde voltar-se para Moscou para garantir a independência do Egito na crise de Suez, em 1956, mas, depois do colapso socialista, países menores não achavam mais um lugar para si entre Moscou e Washington. Em 1990, Saddam Hussein disse que uma das razões para invadir o Kuwait era que tal empreendimento não seria mais viável depois que o Iraque fosse confrontado com o poder norte-americano. Ali, ele errou nos cálculos diplomáticos, mas sua previsão foi, de certa forma, realista – pelo menos até que o exército americano fosse rebaixado pelo fracasso de Washington em alcançar seus objetivos no Afeganistão e Iraque.

A deterioração da situação no Iraque e Síria pode ter ido longe demais agora, para que se recriem Estados genuinamente unitários. O Iraque está se despedaçando. Depois de tomar a cidade petroleira de Kirkuk, que há muito clamam como sua capital, os curdos nunca irão entregá-la, nem os outros territórios disputados, onde eles sofreram limpeza étnica. Enquanto isso, o comando do governo sobre as terras sunitas do norte e do centro do Iraque evaporou, com a desintegração do exército iraquiano. O governo pode continuar a manter a capital e as províncias de maioria xiita ao sul, mas terá grandes dificuldades para restabelecer sua autoridade sobre os vilarejos e cidades sunitas do país. Safa Rusoul Hussein, conselheiro adjunto de Segurança Nacional do Iraque, afirma que, "quando cem combatentes do ISIS tomam uma área, eles normalmente recrutam cinco ou seis vezes o número de sua força original. Esses recrutas não são combatentes de linha de frente e podem juntar-se apenas para proteger suas famílias, mas os números do grupo crescem rapidamente".

Ajuda exterior para o governo do Iraque é imprevisível. Intervenção estrangeira pode vir tanto do Irã como dos Estados Unidos. Como um Estado semelhante, de maioria xiita, o Iraque importa mais para Teerã do que a Síria, e o Irã emergiu como o poder externo mais influente em Bagdá desde a invasão norte-americana de 2003. O presidente iraniano, Hassan Rouhani, garantiu que seu país agirá para combater "a violência e o terrorismo" do ISIS. De fato, por uma semana a máquina de rumores de Bagdá clamava que batalhões iranianos já estavam no Iraque, mesmo que ninguém os tivesse realmente visto.

Quanto aos Estados Unidos, o cansaço interno com a guerra descarta o retorno de tropas terrestres ao Oriente Médio, apesar de o país ter enviado conselheiros. Mesmo ataques aéreos são problemáticos, porque o ISIS opera como um exército de guerrilha, sem movimentos facilmente visíveis de pessoal ou equipamento. Sua liderança tem muita prática em ficar fora de vista. Sua ofensiva tem sido um sucesso porque foi acompanhada de um amplo levante de ex-oficiais do exército iraquiano, que combateram os norte-americanos, e jovens de vilarejos e cidade sunitas de todo o país. Atacar essas forças com aviões ou drones só enfureceria ainda mais a comunidade sunita. E, se combatentes do ISIS começarem a ser mortos por ataques norte-americanos, pode não demorar muito para que uma certa organização famosa comece a mandar homens-bomba para destruir alvos nos Estados

Unidos. Em qualquer um dos casos, a probabilidade de sucesso do exército norte-americano é remota. É importante lembrar que, mesmo com bases aéreas e 150 mil soldados no país – o que não há mais hoje –, Washington fracassou em vencer a guerra de oito anos ali.

Além de tudo isso, os Estados Unidos provavelmente não vão querer aparecer como os defensores do domínio xiita sobre a minoria sunita, especialmente quando a personificação disso é um governo mais sectário, corrupto e disfuncional do que o regime de Saddam jamais foi. Pode haver menos violência do Estado do que antes de 2003, mas só porque ele é fraco. Os métodos do governo Maliki são igualmente brutais: as prisões iraquianas estão cheias de pessoas que confessaram falsamente sob tortura ou ameaça. Vilarejos sunitas perto de Fallujah estão apinhados de famílias com filhos no corredor da morte.

Um intelectual iraquiano que planejava abrir um museu na prisão de Abu Ghraib, para que nunca se esquecessem as barbaridades do regime de Saddam, descobriu que não havia mais espaço disponível: as celas já estavam cheias de novos detentos. O Iraque continua sendo um lugar extraordinariamente perigoso. "Nunca imaginei que, dez anos depois da queda de Saddam, você ainda pudesse mandar matar alguém em Bagdá por cem dólares", contou-me um iraquiano que também estava envolvido no projeto abortado do museu.

A desintegração do país em regiões xiitas, sunitas e curdas será, quase com certeza, um processo doloroso e violento. Confrontos sectários serão inevitáveis onde as populações se misturam, como em torno de Bagdá, com sete milhões de habitantes. Parece improvável que o Iraque possa ser dividido sem derramamento de sangue e milhões de refugiados. Um possível resultado é uma versão iraquiana da violência que acompanhou a divisão da Índia em 1947.

A situação é igualmente sombria na Síria. Há muitos conflitos e atores envolvidos para que quaisquer termos de paz sejam aceitos. O confronto é frequentemente comparado com a guerra civil libanesa, que durou de 1975 a 1990, tirando-se disso o conforto moral de que, por mais sangrento que o conflito tenha sido, todos os lados ao final se cansaram e baixaram as armas. Porém, a guerra não acabou exatamente assim: foram a invasão do Kwait por Saddam Hussein, em 1990, e a decisão do governo sírio de se unir a uma coalizão liderada pelos Estados Unidos para expulsá-lo que levaram Washington a tolerar que os sírios extinguissem a última resistência a seu domínio no Líbano. Não é um paralelo muito reconfortante.

Não há dúvida de que o povo sírio, tanto dentro quanto fora do país, está completamente exausto e desmoralizado pela guerra civil e faria praticamente qualquer coisa para acabar com ela. Entretanto, a população não está mais em posição de determinar seu próprio destino. A Arábia Saudita e o Qatar estão armando e treinando uma nova "oposição militar moderada", que supostamente enfrentará Assad, o ISIS e outros grupos jihadistas. No entanto, não está claro se essa oposição "moderada" tem qualquer substância, exceto como peões rigidamente controlados por poderes estrangeiros.

Só o tempo dirá se o presidente Assad é forte o suficiente para superar o atual impasse na Síria, apesar de isso parecer pouco provável. Até agora, as forças de combate do exército sírio foram capazes de lutar apenas numa frente de cada vez, enquanto se torna cada vez mais óbvio que movimentos como a Al-Qaeda – mais exatamente ISIS, Frente al-Nusra e Ahrar al-Sham – podem operar livremente através das fronteiras sírias com Iraque e Turquia. Eles têm um vasto território para manobra.

Enquanto a guerra continuar, grupos fanáticos, como o ISIS, com legiões de combatentes preparados para sacrificar suas vidas, continuarão tendo vantagem sobre os moderados, que estariam mais abertos a negociações. Nessa situação, a importância da opinião pública síria diminui crescentemente. No entanto, ela ainda pode valer de algo. Um dos poucos eventos positivos a ocorrer no país no começo do verão sírio de 2014 foi a evacuação da Cidade Velha de Homs por 1.200 combatentes, que tiveram permissão para levar seu armamento pessoal para território rebelde. Ao mesmo tempo, duas cidades xiitas pró-regime, Zahraa e Nubl, cercadas há dois anos pela oposição, puderam receber comboios humanitários. Além disso, 70 reféns capturados em Aleppo e Lataquia foram libertados. É encorajador o fato de diferentes grupos rebeldes terem sido suficientemente coerentes para negociar e implementar um acordo, algo considerado impossível até agora. Esse tipo de negociação de paz local pode não parar o conflito geral, mas salva vidas pelo caminho.

Nenhum dos partidos religiosos que tomaram o poder, tanto no Iraque, em 2005, como no Egito, em 2012, conseguiu consolidar sua autoridade. Em toda parte, rebeldes buscam apoio de inimigos estrangeiros do Estado que estão tentando derrubar. A oposição síria pode apenas refletir as políticas e divisões de seus patrocinadores. A resistência ao Estado foi tão rapidamente militarizada pelos movimentos de oposição que foi impossível experimentar uma liderança nacional e um programa político. O descrédito do nacionalismo e do comunismo, combinado à necessidade de dizer o que os Estados Unidos querem ouvir, deixou esses movimentos à mercê dos fatos, sem nenhum projeto de uma nação não autoritário capaz de competir com o fanatismo religioso dos militantes sunitas do ISIS e movimentos similares financiados por países petroleiros do Golfo. Agora, os resultados se espalham além da fronteira com o Iraque. O Oriente Médio está entrando num longo período de fermentação, no qual cada contrarrevolução pode mostrar-se mais difícil de consolidar que a própria revolução.

POSFÁCIO: RUMO A UMA ERA DA DESINTEGRAÇÃO?

Vivemos numa era de desintegração. Em nenhum lugar isso é mais evidente do que no Oriente Médio e na África. De lado a lado da vasta faixa de território entre o Paquistão e a Nigéria, há pelo menos sete guerras acontecendo – no Afeganistão, Iraque, Síria, Iêmen, Líbia, Somália e Sudão do Sul. Esses conflitos são extraordinariamente destrutivos. Despedaçam os países onde estão ocorrendo, a ponto que é de se duvidar se algum dia poderão recuperar-se. Cidades como Aleppo, na Síria; Ramadi, no Iraque; Taiz, no Iêmen; e Benghazi, na Líbia, foram reduzidas a ruínas, em parte ou totalmente. Há também pelo menos três outras sérias conflagrações: no sudeste da Turquia, onde as guerrilhas curdas estão combatendo o exército turco; na península do Sinai, no Egito, onde atua uma guerrilha pouco divulgada, porém feroz; e no nordeste da Nigéria e países vizinhos, onde o Boko Haram continua a fazer ataques assassinos.

Todos têm algumas coisas em comum: são intermináveis, e parecem nunca produzir vencedores ou perdedores definitivos. (O Afeganistão está em guerra desde 1979 e a Somália, desde 1991). Envolvem a destruição ou o desmembramento de nações unificadas, sua divisão de facto entre movimentos de massa da população e insurreições – bem divulgados no caso da Síria e do Iraque, e menos em lugares como o Sudão do Sul, onde mais de 2,4 milhões de pessoas foram deslocadas nos últimos anos.

Some-se a isso mais uma semelhança, não menos crucial, embora óbvia: na maioria desses países, nos quais o Islã é a religião dominante, movimentos salafistas extremistas, entre eles o ISIS, a Al-Qaeda e o Talibã, são essencialmente os únicos canais disponíveis para protestos e rebeliões. No momento, substituíram inteiramente os movimentos socialistas e nacionalistas que predominaram no século 20. Os últimos anos viram um significativo retorno à identidade religiosa, étnica e tribal, por movimentos que buscam estabelecer seu próprio território exclusivo pela perseguição e expulsão de minorias.

No processo, e sob pressão de intervenção militar externa, uma vasta região do planeta parece estar sendo cindida. Há muito pouco entendimento desses processos em Washington. Um bom exemplo disso foi o recente protesto de 51 diplomatas do departamento de Estado, contrários à política do presidente Barack Obama para a Síria e a sugestão de que sejam lançados ataques aéreos contra as forças do regime sírio, acreditando que o presidente Bashar al-Assad iria assim cooperar com um cessar fogo. A abordagem dos diplomatas mantém-se tipicamente simplória, num conflito extremamente complexo, ao acreditar que o bombardeio de áreas civis e outros atos impiedosos do governo sírio são a "causa raiz da instabilidade que continua a sufocar a Síria e a região mais ampla".

É como se a mente desses diplomatas estivesse ainda na era da Guerra Fria, como se eles ainda estivessem lutando contra a União Soviética e seus aliados. Contra todas as evidências dos últimos cinco anos, assume-se que uma oposição síria moderada, que mal sobrevive, seria beneficiada pela queda de Assad. Falta entender que a oposição armada na Síria é inteiramente dominada pelos clones do Estado Islâmico e da Al-Qaeda.

Embora admita-se amplamente, hoje, que a invasão do Iraque em 2003 foi um erro (mesmo por aqueles que a apoiaram à época), não se aprenderam as verdadeiras lições. Por que todas as intervenções militares, diretas ou indiretas, dos EUA e seus aliados no Oriente Médio, no último quarto de século, apenas exacerbaram a violência e aceleraram a falência do Estado?

Extinção em massa de estados independentes

O Estado Islâmico, que acaba de comemorar seu segundo aniversário, é o resultado grotesco desta era de caos e conflitos. A simples existência dessa seita hedionda é um sintoma do profundo deslocamento sofrido pelas sociedades de toda a região, governada por elites corruptas e desacreditadas. O crescimento do ISIS – e o de vários clones do estilo Talibã e Al-Qaeda – é uma medida da fraqueza de seus opositores.

O exército e forças de segurança do Iraque, por exemplo, tinham 350 mil soldados e 660 mil policiais, segundo os registros, em junho de 2014, quando alguns poucos milhares de combatentes do Estado Islâmico capturaram Mossul, segunda maior cidade do país, que ainda dominam. Hoje, o exército iraquiano, os serviços de segurança e cerca de 20 mil paramilitares xiitas, apoiados pelo poder de fogo maciço dos Estados Unidos e forças aéreas aliadas, abriram caminho a bala até a cidade de Faluja, cerca de 60 quilômetros a oeste de Bagdá, contra a resistência de não mais que 900 combatentes do ISIS. No Afeganistão, o ressurgimento do Talibã, supostamente derrotado em definitivo em 2001, aconteceu menos em razão da popularidade do movimento do que pelo descaso com que os afegãos viam o governo corrupto de Cabul.

Os estados-nação estão depauperados ou desmoronando em todos os lugares, enquanto líderes autoritários lutam pela sobrevivência frente a crescentes pressões, externas e internas. Esse não é, de modo algum, o modo como se esperava que se desse o desenvolvimento da região. Os países que escaparam do domínio colonial na segunda metade do século 20, com o passar do tempo, deveriam tornar-se mais e não menos unificados.

Entre 1950 e 1975, líderes nacionalistas assumiram o poder em grande parte do mundo anteriormente colonizado. Prometeram alcançar autodeterminação nacional criando estados independentes poderosos, por meio da concentração de todos os recursos políticos, militares e econômicos disponíveis. Em vez disso, no decorrer das décadas muitos desses regimes transformaram-se em estados policiais controlados por um pequeno número de famílias surpreendentemente ricas, e uma camarilha de empresários dependentes de suas conexões com líderes como Hosni Mubarak, no Egito, ou Bashar al-Assad, na Síria.

Nos últimos anos, esses países foram também abertos ao furacão do neoliberalismo, que destruiu qualquer contrato social rudimentar que existia entre os governantes e os governados. Veja a Síria. Lá, vilas e cidades rurais que em algum momento apoiaram o regime do partido Baath da família al-Assad, porque proporcionou empregos e manteve baixos os preços dos produtos básicos, foram depois de 2000 abandonados às forças do mercado, distorcidas em favor daqueles que estão no poder. Esses lugares foram a espinha dorsal da rebelião pós 2011. Ao mesmo tempo, instituições como a Organização dos Países Exportadores de Petróleo (OPEP), que tanto fez para aumentar a riqueza e o poder dos produtores de petróleo da região nos anos 1970, perderam a capacidade de agir unificadamente.

A questão do momento é: por que uma "extinção em massa" de estados independentes está acontecendo no Oriente Médio, no Norte da África e região? Os políticos e a mídia ocidentais referem-se frequentemente a esses países como "estados fracassados". O sentido que esse termo implica é que o processo é autodestrutivo. Mas vários estados agora rotulados de fracassados, como a Líbia, reduziram-se a isso somente depois que movimentos de oposição, apoiados pelo Ocidente, tomaram o poder com o apoio e a intervenção militar de Washington e da OTAN, e mostraram-se muito fracos para impor seus próprios governos centrais e o monopólio da violência no território nacional.

O processo começou, em vários sentidos, com a intervenção no Iraque pela coalizão liderada pelos EUA, em 2003, que levou à queda de Saddam Hussein, ao fechamento do Partido Baath e à dissolução de seu exército. Qualquer que sejam seus erros, Saddam e o autocrático governante da Líbia, Muammar Gaddafi, foram claramente demonizados e acusados pelas diferenças étnicas, sectárias e regionais dos países que governavam — forças estas que foram, na verdade, liberadas de modo cruel depois de suas mortes.

Há, contudo, uma pergunta que não quer calar: por que a oposição à autocracia e à intervenção do Ocidente assumiu a forma islâmica, e por que os movimentos islâmicos que acabaram por dominar a resistência armada no Iraque e na Síria, em particular, foram tão violentos, regressivos e sectários? Colocado de outra forma, como poderiam esses grupos encontrar tantas pessoas querendo morrer por suas causas, enquanto seus opositores encontraram tão poucas? Quando os grupos de combate do ISIS estavam varrendo o norte do Iraque, no verão de 2014, soldados que haviam jogado fora suas armas e uniformes, e desertaram daquelas cidades do norte do país, justificaram sua revoada dizendo com desdém: "Morrer pelo [então primeiro ministro Nouri] al-Maliki? Jamais!"

Uma explicação usual para o crescimento dos movimentos de resistência islâmica é que a oposição socialista, secular e nacionalista foi esmagada pelas forças de segurança dos velhos regimes, ao contrário dos islâmicos. Em países como a Líbia e a Síria, contudo, os islâmicos também foram perseguidos com selvageria, e apesar disso dominaram a oposição. Mesmo assim, embora esses movimentos religiosos tenham sido suficientemente fortes para opor-se aos governos, eles geralmente não se mostraram fortes o suficiente para substituí-los.

Muito fracos para vencer, muito fortes para perder

Embora haja, claramente, muitas razões para a desintegração atual dos estados, e elas sejam de alguma forma diferentes de lugar para lugar, uma coisa é certa: o fenômeno está se tornando uma regra em vastas regiões do planeta.

Se você está procurando as causas da falência do estado nos dias que correm, deve sem dúvida começar pelo fim da Guerra Fria, um quarto de século atrás. Uma vez encerrada, nem os EUA, nem a nova Rússia que emergiu da implosão da União Soviética tinham interesse significativo em continuar apoiando "estados fracassados", como fizeram durante tanto tempo, por medo de que o superpoder rival e seus aliados locais pudessem, então, tomar o poder. Antes, líderes nacionais de regiões como o Oriente Médio eram capazes de manter seus países com certa independência, equilibrando-se entre Moscou e Washington. Com a dissolução da União Soviética, isso não foi mais possível.

Além disso, na esteira do colapso da União Soviética, o triunfo da economia neoliberal de livre mercado somou a esse mix um elemento crítico. O neoliberalismo iria se mostrar muito mais desestabilizador do que parecia à época.

Veja a Síria, de novo. A expansão do livre mercado, num país onde não havia nem legitimidade democrática, nem o domínio da lei, significou acima de tudo uma coisa: plutocratas ligados às famílias que governavam as nações tomaram para si tudo o que parecia potencialmente lucrativo. No processo, tornaram-se assustadoramente ricos, enquanto os habitantes empobrecidos das vilas, das cidades e das favelas urbanas, que antes contavam com o estado para conseguir emprego e comida barata, sofreram. Ninguém deveria surpreender-se pelo fato de que esses lugares tenham se tornado redutos das rebeliões sírias, depois de 2011. Na capital, Damasco, à medida em que se expandia o reino do neoliberalismo, até mesmo os membros menos importantes do mukhabarat, a polícia secreta, passaram a viver com apenas 200 a 300 dólares mensais, enquanto o estado tornava-se uma máquina de ladrões.

Esse tipo de saque e leilão do patrimônio nacional espalhou-se por toda a região nestes anos. O novo governo egípcio, comandado pelo general Abdel Fattah al-Sisi, impiedoso em relação a qualquer sinal de dissidência interna, foi emblemático. Em um país que tinha sido referência para regimes nacionalistas em todo mundo, ele não hesitou, em abril deste ano, em abrir mão de duas ilhas no Mar Vermelho para Arábia Saudita, cujo financiamento e "ajuda" seu regime é dependente. (Para a surpresa de todos, o Tribunal Superior do Egito suspendeu recentemente a decisão de Sisi).

Esse gesto, profundamente impopular entre egípcios cada vez mais pobres, foi o símbolo de uma mudança mais vasta no equilíbrio do poder no Oriente Médio. Os estados mais poderosos da região – Egito, Síria e Iraque – eram regimes seculares nacionalistas, e foram um contrapeso genuino às monarquias da Arábia Saudita e do Golfo Pérsico. No momento em que o poder destas ditaduras seculares enfraqueceu, a influência das monarquias fundamentalistas sunitas só aumentou. Se em 2011 vimos a rebelião e revolução espalharem-se por todo Oriente Médio, com o breve florescimento da Primavera Árabe, também vimos a contrarrevolução ressurgir, financiada pelas milionárias petromonarquias do Golfo, que nunca tolerariam uma mudança para um regime democrático secular na Síria ou Líbia.

Adiciona-se a isso novos processos em curso que fragilizaram estes estados: a produção e venda de recursos naturais – petróleo, gás e minério – e a cleptomania que o acompanha. Esses países sofrem frequentemente com algo que se tornou conhecido como "a maldição dos recursos": estados cada vez mais dependentes das receitas advindas da venda dos recursos naturais – o suficiente para fornecer para toda população, teoricamente, um patamar razoável de vida digna – tornando-se ditaduras grotescamente corruptas. Nelas, iates dos bilionários locais, com conexões cruciais para os regimes, vivem cercados por favelas com esgoto a céu aberto. Nesses países, a política tende a concentrar-se entre as elites, batalhando e manobrando para roubar as receitas do Estado e desviá-la o mais rápido possível para fora do país.

Este tem sindo o padrão da vida econômica e política em grande parte da África subsariana, de Angola à Nigéria. No Oriente Médio e África do Norte, no entanto, existe um sistema diferente, em geral mal entendido mundo afora. Há similarmente grandes desigualdades no Iraque ou na Arábia Saudita, com elites cleptocráticas semelhantes. Entretanto, eles governam seus estados com parte significativa da população, patrocinando oferta de trabalhos no setor público em troca da passividade política ou apoio a seus regimes cleptocráticos.

O Iraque tem uma população de 33 milhões de pessoas. No momento, nada menos que 7 milhões estão na folha de pagamento do governo, graças a salários e pensões que custam US$ 4 bilhões por mês. Esta forma rude de distribuir as receitas do petróleo à população sempre foi denunciada como corrupta pelos comentaristas e economistas ocidentais. Eles, por sua vez, geralmente recomendam o corte desses trabalhos, mas isso significaria que toda a receita advinda dos recursos naturais, em vez de uma parte, seria roubada pela elite. Isso, de fato, é cada vez mais o caso nessas terras, onde o preço do petróleo despenca e até mesmo a realeza saudita começa a cortar o suporte estatal para a população.

Por algum tempo, acreditou-se que o neoliberalismo seria o caminho para democracias seculares e economias de livre mercado. Na prática, tem sido tudo, menos isso. Ao contrário: junto com a maldição dos recursos naturais, e as repetidas intervenções militares de Washington e seus aliados, as economias do "livre" mercado desestabilizaram profundamente o Oriente Médio. Encorajado por Washington e Bruxelas [sede da União Europeia], o neoliberalismo do século 21 tem feito sociedade desiguais ainda mais desiguais e ajudado transformar regimes já corruptos em máquinas de saques. Esta é também, obviamente, a fórmula para o sucesso do Estado Islâmico ou qualquer alternativa radical para o status quo. Tais movimentos encontram facilmente apoio em regiões empobrecidas e negligenciadas, como o leste da Síria ou o leste da Líbia.

Note, contudo, que este processo de desestabilização não é uma peculiaridade do Oriente Médio e Norte da África. Estamos certamente na era da desestabilização, um fenômeno que está crescendo globalmente, espalhando-se para os

Bálcãs e Leste Europeu (com a União Europeia cada vez menos capaz de influenciar os acontecimentos na região). Não se fala mais de integração europeia, mas de como prevenir a completa dissolução da União Europeia na esteira do supetão dado pelo Brexit na Inglaterra.

As razões pelas quais uma estreita maioria dos britânicos votou no Brexit tem paralelos com o Oriente Médio. As politicas econômicas de livre mercado perseguidas pelos governos, desde que Margaret Thatcher foi primeira-ministra, aprofundaram o fosso entre ricos e pobres e entre cidades ricas e boa parte do resto do país. A Grã-Bretanha pode estar indo bem, mas milhões de britânicos não compartilham da mesma prosperidade. O referendo sobre permanecer como membro da União Europeia, opção quase universalmente defendida pelo *establishment* britânico, tornou-se o catalisador para o protesto contra o status quo. A fúria dos que votaram a favor da saída tem muito em comum com a dos apoiadores do Donald Trump nos Estados Unidos.

A Casa Branca continua a ser uma superpotência, mas já não é tão forte como antes. Eles, também, estão sentindo a tensão deste momento global, em que eles e seus aliados locais são suficientemente poderosos para imaginar que podem se livrar dos regimes de que não gostam — mesmo sem ter sucesso, como na Síria, ou tendo sucesso, mas sem poder substituir o que eles destruíram, como na Líbia. Um político iraquiano disse uma vez que o problema em seu país é que os partidos e movimentos eram "muito fracos para ganhar, mas muitos fortes para perder". Este é cada vez mais o padrão de toda a região e está se espalhando para outros lugares. Isto traz consigo uma possibilidade de um ciclo interminável de guerras indecisas e uma era de instabilidade que já começou.

Julho de 2016

AGRADECIMENTOS

Este livro foi concebido originalmente como uma descrição do poder crescente dos movimentos jihadistas similares à Al-Qaeda no norte da Síria e no Iraque. Sua importância parecia esquecida pelos políticos, mídia e opinião pública ocidentais. Em particular, eu desejava rastrear a rápida ascensão do ISIS, a ira crescente da comunidade sunita no Iraque e a inabilidade do governo para combater uma nova e poderosa insurgência. Na Síria, eu desejava frisar que a oposição armada havia caído sob domínio dos movimentos jihadistas, enquanto os moderados, que o Ocidente pretendia fortalecer, têm pequena influência no terreno das operações.

No entanto, o que parecia uma opinião marginal em 2013 e no início de 2014 apareceu ao mundo com a captura de Mosul, em 10 de junho de 2014, e a proclamação, naquele mês, de um Califado que ignorava a fronteira entre Iraque e Síria. As principais conclusões de meu livro, apresentadas antecipadamente, pareciam confirmadas de modo espetacular pelos acontecimentos, mas a guerra não terminou e as linhas de batalha moveram-se para frente e para trás. Muitos atores dentro e fora do país envolveram-se, e tanto o Iraque como a Síria têm um modo especial de produzir fatos inesperados e surpresas desagradáveis.

Desenvolvi muitos dos temas deste livro ao dar conferências para a Fundação Alwan para as Artes, em 2014, em Nova York, e ao escrever artigos para *The Independent* e *London Review of Books*. Agradeço muito o estímulo e apoio.

GLOSSÁRIO

Alauísmo: subdivisão do islamismo xiita própria da Síria e de seu entorno. É minoritária mesmo em sua terra. Essa forma de islamismo é professada pela família Al-Assad e, por conta disso, acabava tendo influência na Síria anteriormente à guerra civil. Tem peculiaridades teológicas em relação às outras subdivisões dos xiitas que a fazem ser questionada e seus adeptos serem perseguidos por outras vertentes do Islã, sobretudo por certos ramos sunitas.

Ahrar al-Sham (Movimento Islâmico dos Homens Livres do Levante): movimento islâmico nascido em 2013, durante a guerra civil síria, é mais uma das forças beligerantes anti-Assad, com dezenas de milhares de combatentes islamistas e salafistas.

Bashar al-Assad: (Damasco, 11 de setembro de 1965), líder sírio desde 2000, sucedeu imediatamente seu pai, Hafez Al-Assad, que governou o país de 1971 até sua morte. É presidente do país e secretário-geral do Partido Baath local. Médico educado em Londres, conduz um regime político fechado, embora de caráter laico, o qual garante o bem-estar de minorias étnicas e religiosas - como sua própria família, que é alauíta - e os cristãos. Figura controversa, pesam contra ele acusações de crimes contra a humanidade praticados na atual guerra civil, enquanto, por outro lado, é apontado como um líder austero, que mantém a estabilidade em um cenário desde sempre tenso. Atualmente, comanda o que resta de um dos últimos regimes nacionalistas árabes.

Exército Livre Sírio (Free Syrian Army - FSA): foi uma das principais força de oposição ao regime de Bashar Al-Assad, na Síria, designado pelo Ocidente como futuro ocupante do poder no país. Chegou a reunir mais de cem mil soldados. Tem natureza laica e defende a adoção de uma forma mais secular e aberta do que o regime baathista. Opõe-se igualmente aos movimentos jihadistas. Por isso, acabou sendo marginalizado, perdendo armas e terreno para as milícias islâmicas.

Fatwa: parecer consultivo voltado a esclarecer a interpretação mais correta das normas islâmicas, geralmente proferido por um clérigo autorizado.

Frente Al-Nusra (Ou Jabhat an-Nurah li-Ahl ash--Shām, que significa: "A Frente da Vitória para o Povo da Grande Síria"): organização jihadista surgida na atual guerra civil síria, em 2012, opondo-se ao regime de Bashar Al-Assad. Segundo Patrick Cockburn, é a representante oficial da Al-Qaeda na região.

Islamismo Sunita: professado pela maior parte dos muçulmanos, deriva da palavra árabe "sunnah", que significa "hábito", "prática usual", "costume" ou "tradição". Possui subdivisões importantes, com sensíveis diferenças entre si, mas pode ser considerado o veio principal da religião islâmica. É a vertente mais popular na Península Arábica, Indonésia e no Magreb.

Islamismo Xiita: vertente minoritária do islamismo, cujo nome vem da palavra árabe "seguidor", pois tal ramo funda-se na figura de Ali ibn Abi Talib, genro de Maomé, o qual é considerado o sucessor do Califado. Os xiitas atribuem autoridade espiritual à família e aos descendentes do Profeta, os quais seriam infalíveis. É majoritário em poucos lugares, nomeadamente no Irã, Iraque, Azerbaijão e no Bahrein.

Imã: do árabe "aquele que fica ou vai na frente". Para os sunitas, é o condutor dos rituais e preces nas mesquitas, enquanto para os xiitas são os descendentes do Profeta com autoridade e infalibidade.

Jihad: do árabe "esforço" ou "empenho"; o termo possui um significado técnico próprio no Corão, livro sagrado do Islã, no qual representa a missão do fiel muçulmano de se autogovernar e, também, de universalizar os preceitos islâmicos para toda a humanidade. No final do século 20, o termo apareceu de modo recorrente com o avanço de certas organizações armadas islâmicas, geralmente sunitas, as quais usaram a Jihad como discurso legitimador da sua luta contra governos nacionalistas árabes, potências ocidentais ou mesmo a antiga União Soviética. As primeiras organizações do tipo a aparecerem nos noticiários internacionais foram a Al-Qaeda e a resistência antissoviética do Afeganistão (da qual desembocou o Talibã). Hoje, o ISIS, a Frente Al-Nusra e o Boko Haram são importantes exemplos desse tipo de organização. A mídia corporativa internacional assimilou o termo Jihad, simplificando-o grosseiramente como sinônimo de "guerra santa (islâmica)" ou como uma postura belicosa geral e comum à maioria dos muçulmanos, o que não encontra qualquer respaldo linguístico, filosófico ou sociológico.

Jihadista (ou mujahid [plural: mujahadin]): aquele que pratica a jihad, no sentido de realizar ações militares de defesa do Islã.

Muammar Gaddafi: (Sirte, Líbia, 1942 – Sirte, Líbia, 2011). Falecido líder líbio, chegou ao poder na esteira do avanço do nacionalismo árabe, conduzindo por mais de 40 anos um regime fechado, de cunho laico e não-alinhado. Foi assassinado barbaramente em 2011 na guerra civil líbia, a qual eclodiu na esteira dos efeitos da Primavera Árabe. Possui um legado ambíguo, de ter sido um ditador cruel e excêntrico, enquanto, por outro lado, conduziu a Líbia a ostentar o maior Índice de Desenvolvimento Humano (IDH) do continente africano. Teve uma postura antiamericana, mas quando foi derrubado, inclusive por uma conspiração de rebeldes locais e do Ocidente, havia se reaproximado das potências ocidentais e do sistema global.

Nacionalismo Árabe: movimento que teve expressões com Nasser no Egito, Gaddafi na Líbia e o baathismo, dentre outros movimentos. Assentava-se em certos pilares comuns, como as ideias socialistas, com peculiaridades árabes, republicanismo autoritário, o anti-imperialismo e a laicidade do Estado. Depois de seu auge no imediato pós-guerra, gradualmente entrou em decadência.

Partido Baath: ou Partido Socialista Árabe Baath (do árabe "renascimento"); fundado na Síria em 1947, propunha a mistura do nacionalismo árabe, o anti-imperialismo, o pan-arabismo - isto é, a união dos países árabes - e o socialismo de inspiração árabe. Tinha caráter firmemente laico e republicano, embora autoritário. Além da Síria, teve ramificações no Iraque e no Líbano, justamente na região de atuação do ISIS. Porém, devido às suas divisões e vacilações, praticamente desapareceu, embora ainda seja hegemônico na Síria.

Saddam Hussein: (Tikrit, Iraque, 1937 – Bagdá, Iraque, 2006). Líder iraquiano entre 1979 e 2003, ano em que foi deposto pelas forças armadas norte-americanas, as quais invadiram o país na Guerra do Iraque – também conhecida como a Terceira Guerra do Golfo. Com a invasão, passou meses foragido, até ser capturado pelo exército dos Estados Unidos, ficando anos sob sua custódia, até ser entregue a um tribunal iraquiano, que o condenou à forca. Saddam foi parte do Partido Baath do Iraque, ocupando cargos de relevo até ascender à chefia máxima do país. Ironicamente, foi fiel aliado norte-americano, ao contrário dos nacionalistas árabes, até a Segunda Guerra do Golfo, em 1992, com a invasão do Kwait, quando se converteu em inimigo de Washington, até ser deposto e levado à morte pelos seus ex-protetores.

Salafismo: do árabe salaf (predecessores), que diz respeito ao profeta Maomé, seus aliados e às primeiras gerações deste, sendo um designativo genérico para vários movimentos islâmicos que, ao longo da história, defendem uma volta às origens da religião, desconsiderando várias inovações práticas e teológicas. O termo salafista é muito amplo, sendo a mais influente corrente atual o wahabismo.

Sufismo: corrente esotérica do Islã, não diz respeito a uma divisão própria da doutrina religiosa islâmica, mas a práticas místicas, interiores e contemplativas, comuns ou possíveis a todos os ramos daquela religião, muito embora seja mais comum entre os sunitas. O sufismo, contudo, é praticado muitas vezes em segredo e seus adeptos são frequentemente perseguidos, sobretudo por ramos fundamentalistas.

Wahabismo: subdivisão do islamismo sunita, de caráter salafista, fundada pelo estudioso Muhammad ibn Abd Al-Wahhab, no século 18, na região central da Península Arábica. O movimento busca fazer o islamismo retomar suas raízes originais, desprezando os ensinamentos das escolas e, não raro, hostilizando os muçulmanos que não partilham de sua visão particular do Islã – no que se incluem, sobretudo, os xiitas. Sua disseminação está ligada à ascensão do clã Al-Saud, o qual pactuou com Al-Wahhab, há um longo período. O Estado surgido do clã, a Arábia Saudita, tornou-se fiel aliado do Ocidente. Também se proclama guardião de Meca, em torno da qual foi erguido. O wahabismo exerce significativa influência no mundo islâmico, inspirando não só o regime de seu país, mas movimentos como o ISIS ou o Boko Haram.

SOBRE O TRADUTOR

Antonio Martins é jornalista e editor do site *Outras Palavras* (www.outraspalavras.net). Foi fundador da edição brasileira do *Le Monde Diplomatique* e participou da construção de outras iniciativas de mídias livres, como *Carta Maior* e *Ciranda.* Integrou, pelo movimento ATTAC, o grupo de organizações brasileiras que lançou, em 2001, o Fórum Social Mundial — sendo integrante de seu Conselho Internacional.